Kohlhammer

Lindauer Beiträge zur Psychotherapie und Psychosomatik

Herausgegeben von Michael Ermann und Dorothea Huber

Michael Ermann, Prof. Dr. med. habil., ist Psychoanalytiker in Berlin und em. Professor für Psychotherapie und Psychosomatik an der Ludwig-Maximilians-Universität München.

Dorothea Huber, Professor Dr. med. Dr. phil., war bis 2018 Chefärztin der Klinik für Psychosomatische Medizin und Psychotherapie an der München Klinik. Sie ist Professorin an der Internationale Psychoanalytische Universität, IPU Berlin und in der wissenschaftlichen Leitung der Lindauer Psychotherapiewochen tätig.

Eine Übersicht aller lieferbaren und im Buchhandel angekündigten Bände der Reihe finden Sie unter:

 https://shop.kohlhammer.de/lindauer-beitraege

Dorothea Huber
Michael Ermann (Hrsg.)

Autonomie und Bezogenheit

Neue Entwicklungen aus
psychodynamischer Perspektive

Verlag W. Kohlhammer

Dieses Werk einschließlich aller seiner Teile ist urheberrechtlich geschützt. Jede Verwendung außerhalb der engen Grenzen des Urheberrechts ist ohne Zustimmung des Verlags unzulässig und strafbar. Das gilt insbesondere für Vervielfältigungen, Übersetzungen und für die Einspeicherung und Verarbeitung in elektronischen Systemen.

Pharmakologische Daten verändern sich ständig. Verlag und Autoren tragen dafür Sorge, dass alle gemachten Angaben dem derzeitigen Wissensstand entsprechen. Eine Haftung hierfür kann jedoch nicht übernommen werden. Es empfiehlt sich, die Angaben anhand des Beipackzettels und der entsprechenden Fachinformationen zu überprüfen. Aufgrund der Auswahl häufig angewendeter Arzneimittel besteht kein Anspruch auf Vollständigkeit.

Die Wiedergabe von Warenbezeichnungen, Handelsnamen und sonstigen Kennzeichen berechtigt nicht zu der Annahme, dass diese frei benutzt werden dürfen. Vielmehr kann es sich auch dann um eingetragene Warenzeichen oder sonstige geschützte Kennzeichen handeln, wenn sie nicht eigens als solche gekennzeichnet sind.

Es konnten nicht alle Rechtsinhaber von Abbildungen ermittelt werden. Sollte dem Verlag gegenüber der Nachweis der Rechtsinhaberschaft geführt werden, wird das branchenübliche Honorar nachträglich gezahlt.

Dieses Werk enthält Hinweise/Links zu externen Websites Dritter, auf deren Inhalt der Verlag keinen Einfluss hat und die der Haftung der jeweiligen Seitenanbieter oder -betreiber unterliegen. Zum Zeitpunkt der Verlinkung wurden die externen Websites auf mögliche Rechtsverstöße überprüft und dabei keine Rechtsverletzung festgestellt. Ohne konkrete Hinweise auf eine solche Rechtsverletzung ist eine permanente inhaltliche Kontrolle der verlinkten Seiten nicht zumutbar. Sollten jedoch Rechtsverletzungen bekannt werden, werden die betroffenen externen Links soweit möglich unverzüglich entfernt.

1. Auflage 2022

Alle Rechte vorbehalten
© W. Kohlhammer GmbH, Stuttgart
Gesamtherstellung: W. Kohlhammer GmbH, Stuttgart

Print:
ISBN 978-3-17-041850-9

E-Book-Formate:
pdf: ISBN 978-3-17-041851-6
epub: ISBN 978-3-17-041852-3

Die Autorinnen

Alice Holzhey-Kunz, Dr. phil., ist Psychoanalytikerin daseinsanalytischer Richtung in Zürich und Präsidentin der Gesellschaft für hermeneutische Anthropologie und Daseinsanalyse GAD.

Verena Kast, Prof. Dr. phil., ist Psychoanalytikerin in St. Gallen und war Professorin im Bereich Anthropologische Psychologie an der Universität Zürich.

Vera King, Prof. Dr. phil., ist Geschäftsführende Direktorin des Sigmund-Freud-Instituts Frankfurt a. M. sowie Professorin für psychoanalytische Sozialpsychologie und Soziologie an der Goethe-Universität Frankfurt a. M.

Inge Seiffge-Krenke, Prof. Dr. phil., ist em. Professorin für Entwicklungspsychologie an der Universität Mainz und Psychoanalytikerin sowie in der Weiterbildung von Therapeuten für Kinder, Jugendliche und Erwachsene tätig.

Gabriela Stoppe, Prof. Dr. med., ist Psychiaterin und leitet die MentAge GmbH in Basel, eine Schwerpunktpraxis für das höhere Lebensalter. Sie ist Professorin für Psychiatrie und Psychotherapie an der Medizinischen Fakultät der Universität Basel und Mitglied der Vereinigung für psychotherapeutische Fort- und Weiterbildung.

Inhalt

Die Autorinnen 5

Vorwort 9

Autonomie und Unsicherheit in der heutigen Zeit 11
Verena Kast

Soziale Beziehungen im Zeitalter der Digitalisierung 36
Vera King

Autonomie und Einsamkeit 57
Alice Holzhey-Kunz

Autonomie und Bezogenheit in Partnerschaftsbeziehungen
junger Erwachsener 83
Inge Seiffge-Krenke

Autonomie und Bezogenheit im höheren Lebensalter 100
Gabriela Stoppe

Stichwortverzeichnis 123

Personenverzeichnis 126

Vorwort

Dieses Buch geht auf Vorträge zurück, die während der Lindauer Psychotherapiewochen 2021 – erstmals leider ausschließlich im Onlineformat – gehalten wurden und sich auf das Rahmenthema der ersten Woche beziehen: Soziale Beziehungen im Umbruch. Dieses Thema hat, wenngleich früher konzipiert, eine durchaus aktuelle Relevanz durch die Realität erhalten, mit der uns die COVID-19-Pandemie konfrontiert hat.

Durch den raschen sozialen und ökologischen Wandel, zugespitzt durch die Coronapandemie, sind unsere sozialen Beziehungen in einen extremen Umbruch geraten. Wer hätte gedacht, dass die soziale Distanz als gesund gilt und Nähe, gar Umarmung, als gefährlich?

Dadurch hat das Thema Autonomie und Bezogenheit – und seine Veränderung über die Lebensspanne als ein wichtiger Aspekt – eine besondere Aktualität gewonnen. Es berührt zentrale Konzepte unseres Lebens wie Sicherheit, Liebe, Geborgenheit, aber auch Freiheit, Verantwortung und Einsamkeit. Wo stehen wir, angesichts dieses Umbruchs, zwischen Autonomie und Bezogenheit? Welche Aufgaben ergeben sich daraus für die psychodynamische Psychotherapie? Diese und andere wichtige Fragen im Kontext von sozialen Beziehungen, die in Umbruch geraten sind, werden von den Autorinnen im vorliegenden Band behandelt.

Berlin, im Februar 2022 *Dorothea Huber und Michael Ermann*

Autonomie und Unsicherheit in der heutigen Zeit

Verena Kast

Die Aktualität

Wir wollen unsere Autonomie zurück, wir wollen selbstbestimmt leben, wir wollen wieder selbst entscheiden – so tönt es heute an einigen Orten, nicht überall. Aber die »Autonomie« wird vermisst und beschworen. Dabei war es schon immer klar: Wir sind schneller mit dem Ruf nach Autonomie, die wir einfordern, als dass wir autonom handeln. Und dieser Ruf nach Autonomie erschallt angesichts einer weltweiten Pandemie, einer Verunsicherung, wie sie seit sehr langer Zeit nicht mehr erlebt worden ist, einer Situation der größten Unsicherheit und Bedrohung. Aber auch wenn wir es nicht lautstark fordern: Wir würden wohl alle gerne wieder selbst entscheiden, unser selbstbestimmtes Leben wieder führen.

Die globale Pandemie löst eine existentielle Angst aus bis hin zu Todesangst. Wir wussten schon immer, dass wir sterblich sind, konnten es aber ganz gut verdrängen: Da ist jetzt aber ein Virus, das wir nicht wirklich verstehen, das uns fremd ist, das listig mutiert, und wir wissen nicht, wann und wie wir es in den Griff bekommen. Aber wir wissen, es kann uns krank machen und wir können in der Folge sterben. Ein Erschrecken, ein Aufwachen? So bedroht haben wir uns noch nie gefühlt, geben wir unter Freunden zu. Vielleicht wird uns das Leben angesichts der Bedrohung kostbarer?

Die Wissenschaft bemüht sich um das Verstehen, und wird auch immer kundiger, immerhin sind in Rekordzeit Impfstoffe entwickelt worden, was ja ein größeres Wunder ist. Aber die Angst der Menschen will mehr: Sie will Sicherheit, will die alte Normalität zurück. Die Politik versucht, die Pandemie einzudämmen und das geht nur, indem man die Menschen etwas »eindämmt«, ihnen Freiheitsrechte wegnimmt. Unsere Autonomie wird beschnitten – auf nicht absehbare Zeit. Und psychisch fühlen wir uns auch etwas »eingedämmt«.

Aber mehr noch: Selbstverständliches, Vertrautes ist in diesem Jahr verschwunden – die Vertrautheit mit der Welt, mit dem Körper, mit den Körpern der anderen. Die Begegnung mit unserer gemeinsamen sinnlichen Welt hat sich verändert, ist zum Teil verschwunden. Jetzt fällt uns auf, wie wichtig diese sinnliche Welt für uns ist – für uns war – und hoffentlich wieder sein wird. Anders wohl, aber wichtig.

Und dann haben wir doch immer gedacht, dass die Welt, so wie sie ist, in etwa fortbestehen wird, auch in der Zukunft – da waren wir uns allerdings angesichts der Klimakrise auch schon nicht mehr ganz so sicher.

Das löst große Unsicherheit aus, eine Ungewissheit – wir können das Leben nicht mehr kontrollieren, die Wissenschaft offenbar auch nicht in dem Maße, wie wir es wünschen. Wir stoßen an die Grenzen unseres Verstehens, an die Grenzen unseres Machens, und wir fühlen uns physisch bedroht. Wo bleibt das Vertrauen? Angesichts einer bedrohlichen Situation brauchen wir andere Menschen, denen wir vertrauen können. Solidarität gibt es auch – am Anfang noch mehr als jetzt gegen Ende der Pandemie, da die Geduld einfach inzwischen arg strapaziert ist. Und dennoch brauchen wir mehr denn je das Miteinander.

Wir Menschen fühlen uns nicht gut, wenn wir fremdbestimmt werden, wenn wir nicht wissen, wie lange eine Bedrohung geht, wir ertragen Ungewissheit schlecht und wir sind nicht geduldig und auch nicht gut im Verzichten. Wir wollen die »alte Normalität« zurück – aber wahrscheinlich steht auch die auf dem Prüfstand. Vieles steht auf dem Prüfstand: Wie immer in Krisenzeiten, werden die Risse in einem System sichtbar. Das beunruhigt, gibt aber auch Möglichkeiten zu Veränderung.

Die Frage ist: Wie können wir, trotz Angst, trotz Verzicht, trotz Trauer, trotz Wut unser Leben führen, so dass es doch noch unser Leben ist, das wir noch gestalten – vielleicht in einem bescheideneren Rahmen, das aber doch belebende Fantasien für die Zukunft erlaubt und eben nicht die alte Normalität. Eine neue Normalität wird es wohl werden –

eine Zukunft, die wir hoffentlich miteinander gestalten und in der wir auch einiges justieren.

Autonomie in unsicheren Zeiten

Autonomie ist ein komplexes Konzept: Entwicklungspsychologie, Psychopathologie, Philosophie, Soziologie, Politik etc. befassen sich damit. Kurz: Das Konzept »Autonomie« reicht in alle Lebensbereiche des Menschen hinein.

In der Entwicklungspsychologie geht man davon aus, dass Kinder natürlicherweise autonom werden, aber auch mit den Eltern verbunden sein wollen. Sie grenzen sich in einem länger dauernden Prozess von den Eltern ab, haben Trennungsbestrebungen, werden selbständiger, aber auch selbstbestimmter, explorieren die Welt – und bleiben den Eltern doch auch verbunden, anerkennen deren Bedeutung für sie.

Allgemein wird heute von der Individuations–Separationsphase gesprochen. Die Begriffe Autonomie und Individuation werden dabei aber in einem Atemzug genannt, verbunden mit der Betonung, dass dieses Streben nach Autonomie von den Eltern von Beginn an »beantwortet«, und diese Antwort dann vom Kind verinnerlicht wird. Kann ein Kind nicht beide Strebungen leben, ist es in einem »entweder – oder« gefangen: Entweder die Selbständigkeit aufgeben oder das Bedürfnis nach Nähe. Das ist der sogenannte Abhängigkeits–Autonomiekonflikt (OPD), der als ein primärer Konflikt zwischen Liebe im Sinne von Bindung, Altruismus etc. und Autonomie im Sinne von Selbstidentität, Selbstbestimmung, Selbstbezogenheit verstanden wird. Die frühkindliche Individuationserfahrung prägt spätere Erlebnisse. Hier wird auch die Beziehung zu den Angststörungen hergestellt.

Die Entwicklungspsychologie kennt noch eine zweite Individuation; diese wird im Zusammenhang mit der emotionalen Unabhängigkeit der Adoleszenten von den Eltern, als die der Loslösung von der Kernfamilie, im Zusammenhang mit der romantischen Liebe, beschrieben. Es wird die Spannung zwischen Wünschen nach Abhängigkeit von den Eltern und Ablösungswünschen, Autonomiewünschen erlebt, der elterlichen Kontrolle steht die Selbstverantwortung der Jugendlichen gegenüber.

Sichere Bindung: Autonomie und emotionale Verbundenheit

Die Bindungsforschung beschreibt im Moment wohl die umfassendste Theorie der Entwicklung zur Autonomie. Das autonome mentale Bindungsmodell wird von Ute Ziegenhain als sicheres Bindungsmodell im Sinne der Bindungstheorie beschrieben. Es besteht ein Gleichgewicht zwischen Sicherheits- und Bindungsbedürfnissen und dem Erkundungs- und Autonomiebestreben. Und das gilt für den ganzen Lebenslauf (Im Gegensatz zu der Idee, dass Sicherheits- und Bindungsbedürfnisse zugunsten von Autonomie durch die Entwicklung aufgehoben werden, wie es in älteren Theorien immer wieder mitschwingt.).

»Psychologisch zeigt sich autonome oder sichere Bindung in der Fähigkeit, Bedürfnisse nach emotionaler Verbundenheit und Autonomiebestrebungen gleichermaßen kognitiv und emotional zu integrieren und ausgewogen zu repräsentieren.«[1]

Die Folge der sicheren Bindung sind positive soziale Kompetenzen, Flexibilität, emotionale Widerstandsfähigkeit, weniger Angst und Feindseligkeit. Regulationsmechanismen für unerträgliche Erregungszustände sind vorhanden.[2] Diese Kompetenzen sind weiter verbunden mit einer positiven Selbsteinschätzung, einem robusteren Selbstwertgefühl, auch mit einem Gefühl, liebenswert zu sein und von anderen wertgeschätzt und geliebt zu werden.[3]

Die Perspektive anderer wahrzunehmen und zu respektieren (kognitiv und emotional), das Ausmaß, über sich und andere nachzudenken, gilt zudem als zentral für eine sichere Bindung,

---

1 Ziegenhain U (2001), S. 167
2 Ziegenhain U (2001), S. 171
3 Ziegenhain U (2001), S. 172

Das Erkundungs- und Autonomiestreben erfüllt sich in der erlaubten Neugier, fördert Kreativität und bewirkt, dass auch schwierige neue Lebenssituationen gut angegangen werden können. Eltern sind als eine sichere Basis erlebbar – und haben von dieser Basis aus zu Exploration ermutigt. Eine sichere Bindung und ein gesundes Explorationsverhalten haben einen inneren Zusammenhang, das Erleben von Fantasie und Realität durchdringen sich.[4] Unabhängigkeit setzt eine internalisierte Umwelt voraus, die Annäherung an die Unabhängigkeit geschieht durch Fantasie, durch ein reiches Innenleben: Was im Selbst schon vorhanden ist, erlaubt Annäherung an Unabhängigkeit. Individuum und Umwelt werden als interdependent verstanden.

Selbstbestimmung und die Anderen

Die Philosophie bringt das Thema der Autonomie, der Selbstbestimmung, in den Zusammenhang mit dem »guten Leben« und mit der Würde des Menschen. Selbstbestimmung zu praktizieren und sie anderen zuzugestehen, gibt dem Menschen Würde. Verliere ich in gewissen Bereichen meine Autonomie oder wird sie mir von außen aberkannt, verliere ich auch meine Würde; gut dargestellt im Film »Ein anderes Evangelium« von Milo Rau.

Selbstbestimmung als die Freiheit zu tun, was man tun will, die Freiheit zu haben, nicht tun zu müssen, was man nicht will, ist seit der Aufklärung in den liberalen demokratischen Gesellschaften ein fundamentaler Wert. Das Recht auf Freiheit ist fundamental, also auch normal. Autonomie wird verstanden als Fähigkeit und als Vermögen, sich selber die Gesetze zu geben, nach denen gehandelt werden soll. Kant verstand die Freiheit als die Möglichkeit, anhand abstrakter Vernunftregeln moralische Entscheidungen zu treffen. Die menschliche Würde ist in dieser Sicht direkt mit der Freiheit gekoppelt: Sie besteht darin, angemessene

---

4 Seiffge-Krenke I (2004), S. 61

moralische Entscheidungen zu treffen, aus religiösen oder auch aus weltlichen Gründen. Die Würde des Menschen wurzelt in der moralischen Entscheidungsfähigkeit – und diese Würde ist vom Staat zu achten und zu schützen. Das ist in den Verfassungen niedergeschrieben. Alle Menschen sind frei, sie sind aber auch soziale Wesen. Der Staat muss eine Form finden, die die Freiheit des Individuums schützt, und zwar so, dass sie es dem einzelnen Individuum doch erlaubt, sich frei zu fühlen. Deshalb können wir besser damit umgehen, wenn uns eine Regelung empfohlen wird – und nicht befohlen.

Beate Rössler, Philosophin und Professorin an der Universität Amsterdam hat sich intensiv mit Autonomie beschäftigt. Für sie konkretisiert sich in der Autonomie des Menschen der Begriff der Freiheit.[5] Autonom sein heißt für sie, möglichst wenig Zwang zu erleben, möglichst viele Optionen verfolgen, möglichst viele Fähigkeiten entwickeln, sich mit den eigenen Wünschen identifizieren zu können, kontrollieren zu können, was man selbst als sinnvoll für das eigene Leben erachtet. Kurz: Ein Leben, das wir selbst leben wollen, in dem wir selbst bestimmen, das wir immer wieder verwirklichen im gelebten Leben, wird in Verbindung gebracht mit einem »guten, gelungenen Leben«.[6]

Aber: Mehr oder weniger autonom sind wir in sozialen, kulturellen, biologischen, politischen, ökologischen, ökonomischen Kontexten. »Autonom sind wir nämlich immer nur gemeinsam mit anderen.«[7] »Ich und Wir«, also Autonomie und Abhängigkeit, das kann konflikthaft sein.

---

5 Rössler B (2017), S. 40
6 Rössler B (2017), S. 232
7 Rössler B (2017), S. 53

Ich und Wir

Das Thema der wechselseitigen Anerkennung ist ein zentrales Anliegen in den Schriften des Sozialphilosophen Axel Honneth[8]. Anerkennung wird von ihm verstanden als ein Akt, in dem zum Ausdruck kommt, dass die andere Person »Geltung« und legitime Ansprüche hat. Das Gegenüber kann auch ein generalisiertes Gegenüber sein, eine Institution zum Beispiel.

Diese Anerkennung hält Honneth für fundamental im Zusammenhang für das Verhältnis von »Ich und Wir«. Diese bekommt man aber nicht einfach so, sondern es findet ein »Kampf um Anerkennung« statt.

Honneth beschreibt verschiedene Anerkennungssphären: Die erste ist die »Anerkennungssphäre der Liebe«. Damit bezieht er sich auf Primärbeziehungen mit starken Gefühlsbindungen – wie etwa auf die Eltern-Kind-Beziehung, besonders in der Individuations-Separationsphase, aber auch auf erotische Zweierbeziehungen, auf Freundschaften. Hier wird wechselseitige Abhängigkeit erfahren und akzeptiert; hier wird Vertrauen entwickelt, auch Selbstvertrauen, hier wird auch gelernt, die Perspektiven von anderen zu sehen und diese auch zu übernehmen.

Soziale Freiheit und Anerkennung durch Liebe bedingen in seiner Sichtweise einander. Diese Beziehungen werden im Laufe des Lebens ausgeweitet und übertragen sich dann auch auf die Sozietät – den Kindergarten, die Schule, die Vereine, die politischen Gruppierungen. Wird in diesen Sphären die Anerkennung verweigert, erlebt man das als Unrecht, Ungerechtigkeit, Entwürdigung, Diskriminierung. Es ist aber auch die Sphäre, in der man Menschen findet, mit denen man über diese Themen sich austauschen kann, Selbstregulierung der Emotionen mit anderen praktiziert, ohne dass das einem sonderlich auffallen würde. Anerkennungsverhältnisse sollen ausgeweitet werden – und das, so meint Honneth, sei ein natürlicher Sozialisationsprozess. Wir Psychotherapeutinnen und Psychotherapeuten würden wohl einwenden: Vorausgesetzt, diese frühe Entwicklung von Autonomie und Verbundenheit ist in der Biografie in einer hinreichend guten Weise erfolgt.

---

8 Honneth A (1994)

Wenn es denn funktioniert, würde man zunehmend individuelle Lebensstile anerkennen, die man sozial inkludiert, und als gleichberechtigt versteht. Der andere Mensch wird als Andersdenkender wahrgenommen, gehört aber dennoch in die Gruppe derer, der man selbst angehört: Aus dieser Erfahrung entsteht soziale Wertschätzung, verbunden mit Selbstachtung. Durch die Anerkennung wird über die soziale Wertschätzung hinaus Gleichberechtigung impliziert: Auf der Basis der Anerkennung aus der geteilten Liebe wird Wertschätzung, werden Gefühle von Solidarität und Loyalität, – und damit die Bereitschaft, eine Wir-Perspektive einzunehmen. Selbstbehauptung und Rücksichtnahme auf die anderen wären in diesem Denken gewährleistet – Autonomie und eine gute Form der auch voneinander abhängigen Beziehung, in der man sich auch um die anderen sorgt, sich politisch einbringt –, wäre denn genug Anerkennung da... Und das ist auch der Titel eines der Bücher von Axel Honneth: der Kampf um Anerkennung. Der Grund für die Entpolitisierungstendenzen der Gegenwart, die Honneth beunruhigen, wären vereinfacht gesagt, fehlende wechselseitige Anerkennung (Er beschreibt weiter eine Anerkennungssphäre des Rechts, aus der Selbstachtung gewonnen wird und die Anerkennungssphäre der Wirtschaft, die Selbstschätzung ermöglicht.)

Freiheit ist Selbstbestimmung

Gegen außen erleben wir Freiheit als Bewegungsfreiheit im weitesten Sinne: körperlich, geistig, sozial...

Wir wollen über unser Leben selbst bestimmen, in Einklang mit unseren Gefühlen, Gedanken, Wünschen, Bedürfnissen leben – und diese auch adäquat ausdrücken und umsetzen können. Keine Bevormundung durch Eltern, Partner, Kollegen – keine äußere Einschränkung, auch keine Einschränkung etwa durch Krankheit und Armut. Unsere Handlungen sollen autonom sein, nicht unter Zwang, aber auch nicht einfach dem Zufall geschuldet. Wir wollen sie auch verantworten.

Diesem Wunsch, dieser Haltung stellen sich Hindernisse entgegen: In der äußeren Welt Gesetze, Normen, auf die man sich geeinigt hat. Können diese Normen und Werte auch als eigene erkannt werden, dann fügen sie sich in ein Empfinden als autonomes Wesen ein, ich kann sie als Rahmen meiner Entscheidungen akzeptieren. Werden sie aber als übergestülpt, verordnet erlebt, haben wir einen Konflikt. Kann ich mich damit arrangieren oder wie muss ich damit umgehen? Autonomes Handeln muss dynamisch gesehen werden – einmal mehr, einmal weniger. Denn es ist ja ein Zusammenspiel mit anderen, mit den Umständen. Eigentlich geht es um den Spielraum der Autonomie – wie viel Spielraum, in welchen Situationen.

Die Anderen behindern die Selbstbestimmung, sie fördern aber auch unsere Selbstbestimmung. Das Interesse Anderer bringt uns Gründe, etwas zu tun oder auch zu lassen. Und: Sozial eingebunden zu sein bedeutet immer auch, soziale Anerkennung zu bekommen. Der Blick der anderen bedroht, fördert aber auch die Selbstbestimmung.

Dem Wunsch nach Selbstbestimmung stehen aber auch Hindernisse aus der inneren Welt entgegen: Wir können nicht immer so, wie wir wollen. Unsere bewussten Absichten können durchkreuzt werden durch Bedürfnisse, die wir nicht kontrollieren können. Unbewusste Entwürfe, nicht eingestandene Sehnsüchte, alte Überzeugungen, Ängste übernehmen dann die Regie.

Im Wunsch nach dem selbstbestimmten Leben finden wir in der Reflexion über uns, und in der kontinuierlichen Auseinandersetzung mit unseren Mitmenschen, in den jeweils gegebenen Strukturen und mit unserer Innenwelt zu einer flexiblen Identität, werden Autoren unseres Lebens. Das bewusste Erleben einerseits und das sich Erschließen von Unbewusstem andererseits tragen zusammen zu einem realistischen Selbstbild bei. Dabei kann man sich auch autonom entwickeln im Blick auf die eigene Herkunft: Wir wollen nicht als Kopie unserer Eltern sterben.

Aber stimmt das heute noch? Rössler ist der Ansicht, dass Autonomie eine Fähigkeit ist, die wir erlernen müssen, und dass diese Fähigkeit immer in einem gewissen Rahmen steht, also auch in einer gesellschaftlichen Situation. Und in diesem Zusammenhang merkt sie an: »Nicht mehr psychologische Selbsterforschung ist das Mittel bei der Suche nach der eigenen Identität, sondern der Austausch mit anderen und das Sammeln von Daten, die das eigene Leben quantifizierbar machen.«[9] Sie spricht von Selbstoptimierung, von den Vergleichen in den sozialen Medien. Ob das genügt? Könnte man zur »Selbstvermessung« die Reflexion auch über die Innenwelt nicht vielleicht doch beibehalten?

Entfremdung und Anpassung

Die Autonomie ist immer auch bedroht. Selbstbild und Selbsterkenntnis verdanken wir nicht nur einsamem Reflektieren und Fühlen. Diese und die daraus sich ergebenden Handlungen, unsere sichtbaren Taten, zeigen sich auch im Blick der Anderen, im Blick des Anderen, im Blick des fremden Urteils, oder dem, was wir als das Urteil der Anderen uns vorstellen (projektive Unterwerfung), vor allem auch im Dialog mit dem Anderen.

Auch wenn es uns wichtig ist, so autonom wie möglich zu sein, wir geraten immer wieder in Situationen, in denen wir uns zu sehr anpassen – und dann erleben wir uns als unauthentisch, spüren das, korrigieren uns. Es geht darum, immer wieder die jeweilige Identität herzustellen, so wirklich und so wenig fremdbestimmt als möglich, die verschiedenen Rollen, die wir haben, die verschiedenen Projekte, denen wir nachgehen, als eine Einheit zu verstehen. Authentizität ist der Ausdruck einer hinreichend autonomen Persönlichkeit. Es gibt aber auch ein forciertes Autonomiestreben, das sich in einer großen Eigenwilligkeit zeigt, einer trotzigen sich selber behauptenden Aggressivität. Nicht selten verstehen sich Menschen in dieser Haltung als besonders authentisch, sie sind aber eher egozentrisch und fürchten die Abhängigkeit. Der Dialog mit dem anderen Menschen wird wenig gesucht. Das »Wir« ist allenfalls dann bedeutsam, wenn sich dadurch Macht und Ansehen verschaffen lässt, wenn es einem etwas nützt. Die Verbinndung zwi-

---

9 Rössler B (2017), S. 227

schen Eigensinn und Gemeinsinn ist schwach, die Idee der wechselseitigen Anerkennung fehlt.

Und: Wie steht es um die Autonomie, wenn die Privatheit verloren geht? Unsere Informations- und Kommunikationstechnologien verändern soziale Normen und unser Verhalten: Wir »teilen« im Moment mit anderen, wir »vernetzen« – aber können wir auch für uns selbst sein? Um autonom sein zu können, ist der Schutz der individuellen Privatheit wichtig, so Beate Rössler.[10] Darunter versteht sie, dass man den Zugang zur eigenen Wohnung und zu den eigenen Daten kontrollieren kann, dass man einen Rückzugsraum hat. Zur Privatheit gehört aber auch, dass wir entscheiden, was wir anderen gegenüber zeigen, dass wir Kontrolle über unsere Selbstdarstellung haben. Unter ständiger Beobachtung und Kontrolle könnte man nicht mehr autonom, authentisch und kritisch sich Gedanken machen über etwas. Geht Privatheit verloren, wird auch autonomes Handeln erschwert. Da wird es einem etwas beklommen zu Mute: Wie viel Privatheit haben wir noch?

Autonomie in Zeiten der Unsicherheit

Was macht die Angst in Zeiten von Corona mit unserer Autonomie und unserer Selbstbestimmung? Wie beeinflusst unsere erworbene Autonomie den Umgang mit der Angst?

Das Virus bedroht unsere Leben, das Leben von Menschen, die wir lieben, unsere Form des Zusammenlebens, die Kultur, die Erwerbsgrundlagen und damit auch viel Anerkennung. Kurz: Es bedroht unser Leben global – und auch das Leben auf der ganzen Welt. Es bedroht unsere Normalität, sagen wir dann etwas verharmlosend, oder aber es wird ein Katastrophenszenario ans andere gereiht. Die Angst ist kon-

---
10 Rössler B (2017), S. 282 ff.

kret: Man kann sich anstecken – statt dass ein anderer Mensch eine Quelle der Freude oder auch des Trostes ist, wird er oder sie als eine Quelle des todbringenden Virus gesehen. Das ist so beängstigend, dass man das Virus unterschätzt oder überschätzt – oder dass man sich gegen etwas wehrt, was weniger diffus ist. Und immer auch noch diffus genug: gegen die Maßnahmen zur Eindämmung des Virus. Dabei haben wir unterschiedliche Ängste: Die einen fürchten die Öffnungen, die anderen das Eingeschlossensein. Aus unserer Biografie bringen wir auch verschiedene Ängste und den Umgang damit mit.

Einander nahe zu sein ist zutiefst menschlich und mindert Angst. In diesem Zusammenhang eingeschränkt zu werden, trifft uns tief. Denken wir etwa daran, dass man kranken Menschen nicht in gewohnter Weise beistehen kann, dass Menschen ohne Begleitung sterben, dass man keinen Raum für die Trauer findet. Abstand halten. Nähe und Distanz – viel Distanz. Nun sind Menschen kreativ und versuchen auch in den verzweifelsten Situationen Wege und Auswege zu finden: Wir treffen uns online und wir haben im Laufe eines Jahres gelernt, dass das besser ist als nichts – aber kein Ersatz für sinnliche Nähe, für die Resonanz, die zwischen Menschen entsteht. Wir leben in einer prekären Zeit – und die Ängste müssten benannt und geteilt werden. Man müsste über die existentiellen Sorgen und die soziale Verunsicherung miteinander sprechen können, über die Ohnmacht. Und das würde man wohl auch mehr, wenn man sich in aller Ruhe treffen könnte. Angst ist schon immer weniger geworden, wenn man sie miteinander teilen kann.

Angst, Ärger und Wut

Angst kann leicht mit Ärger, Wut und Aggression abgewehrt werden. Die Aggression wendet sich dann gegen »die da oben«, gegen eine vermeintliche Diktatur, gegen irgendetwas, das bekämpft werden muss. Protestierende – aus ganz verschiedenen Gründen –, alle fühlen sich in irgendeiner Weise als Opfer und suchen Schuldige. Der Ärger über die schwierige Situation, in der wir uns befinden, könnte, würde er nicht einfach in Empörung sich erschöpfen, uns die Energie geben, mit der Angst umzugehen, zu entscheiden, wo wir wirklich etwas verändern können.

Natürlich sind wir es gewohnt, unsere Emotionen zu regulieren – in dieser Pandemiesituation müssen wir viel Angst und Ärger regulieren, und dazu sind wir in der Regel auch fähig. Das kann mehr oder weniger sinnvoll sein: Nur die Wut herauszuschreien, Sündenböcke zu finden, Verschwörungstheorien zu verbreiten ist keine hilfreiche Form der Emotionsregulierung. Nicht zu vergessen ist allerdings auch, dass wir unsere Emotionen auch regulieren, indem wir immer wieder mit einigen Menschen über Probleme sprechen, die uns umtreiben.

Erhöhte Vulnerabilität für Angst

Kunst et al.[11] präsentierten 2019 eine Studie, in der sie nachwiesen, dass Autonomiedefizite die Vulnerabilität für Angst erhöhen. Sie beschreiben Autonomie als Selbstbestimmung, betonen aber auch deren soziale Komponente. Dabei beziehen sie sich auf Beck,[12] der den Ausdruck Soziotropie geprägt hat für ein exzessives sich Verausgaben in sozialen Beziehungen. Er benennt den Grundkonflikt von »Autonomie und Abhängigkeit« als »Autonomie versus Soziotropie«. Und Soziotropie hat nach Beck einen Zusammenhang zu Vulnerabilität im Zusammenhang mit Depression und Angst.

Interessant ist, wie Kunst, Maas u. a. die Autonomie operationalisieren. Auch sie gehen davon aus, dass Autonomie in einem sozialen Kontext in der frühkindlichen Phase entwickelt wird.

---

11 Kunst LE et al. (2019)
12 Beck AT (1983)

Für ihre Untersuchung betrachteten sie drei Komponenten:

1. Das Selbstbewusstsein als Bewusstsein der eigenen Bedürfnisse und Wünsche und der Fähigkeit, diese auch auszudrücken in sozialen Situationen.
2. Das Feingefühl, die Sensibilität anderen gegenüber, Bedürfnisse und Wünsche anderer wahrzunehmen, und die Fähigkeit zu Nähe und Abgrenzung.
3. Die Fähigkeit, neue Situationen zu bewältigen, sich rasch mit neuen Situationen anzufreunden und willig, auch ungewöhnliche Situationen zu explorieren, nicht zu sehr auf vertraute Strategien zurückzugreifen (Flexibilität).

Diese drei Komponenten stimmen gut mit den Ergebnissen der Bindungstheorie überein.

Ein Autonomiedefizit liegt gemäß den Autoren bei einem hohen Niveau an Feingefühl anderen gegenüber vor, also bei Soziotropie, bei einem in der Folge davon niederen Selbstbewusstsein, und geringer Fähigkeit, neue Situationen zu bewältigen. Sie fokussieren auf Wünsche und Bedürfnisse von anderen, haben Schwierigkeiten, eigene Bedürfnisse und eigene Ansichten auszudrücken, fühlen sich unwohl in neuen Situationen. Wenn man nicht weiß, was man selber will, fokussiert man sich leichter auf die Wünsche der anderen. Das hindert einen daran, ein gutes Selbstbewusstsein zu entwickeln, und das erschwert es, Probleme in einer neuen Weise zu lösen. Und das macht hilflos und löst Angst aus. Als Gründe für die Defizite sehen sie wie üblich schwierige frühkindliche Lebensumstände, Traumata, Vernachlässigung, Parentifizierung.

Die Folgerung aus dieser Studie: Autonomiedefizite machen Individuen vulnerabel in stressreichen Situationen, stressreiche Lebensereignisse erhöhen depressive Symptome und Angstsymptome in Menschen mit Autonomiedefiziten. Aber vielleicht machen uns auch temporäre Einschränkungen von Autonomie vulnerabler?

Wiedergewinn von Autonomie

Wie gehen wir mit dem Verlust an Autonomie um? Wie damit, dass wir in viel höherem Maße als sonst fremdbestimmt sind? Keine Frage: Vieles an Selbstbestimmung, die wir normalerweise haben, haben wir jetzt nicht. Zwar ist es vielen schon bewusst, dass man den gesundheitlichen Nutzen von Maßnahmen in einer doch sehr ernsten Situation nicht gegen Freiheitsrechte ausspielen sollte, dennoch stellt man sich natürlich immer wieder die Frage, wie sinnvoll die Maßnahmen sind – und das ist auch im Sinne der Selbsterhaltung von Autonomie, auch wenn sie eingeengt ist. Was möglich ist: Innerhalb der Fremdbestimmtheit – und im Bewusstsein dieser Fremdbestimmtheit – immer wieder bewusst sich Inseln der Selbstbestimmung zu schaffen und diese auch auszukosten. Wie kann ich in meinen Tag etwas einbauen, was Freude auslöst – sicher, es werden nicht die großen Freuden sein, aber auch kleinere Freuden heben unsere Laune; es kommt ja vor allem darauf an, dass wir eine selbstbestimmte Aktion gemacht haben, unserem Fremdbestimmtsein immer wieder ein Schnippchen schlagen. Von Tag zu Tag, wie immer, wenn es schwierig ist im Leben: Schritt für Schritt – auch ganz real. Wenn nichts mehr zu gehen scheint, tut es gut, zu gehen, und sich dennoch auch ein Licht am Horizont vorzustellen.

Carolin Emcke schreibt in »Journal 2021. Tagebuch in Zeiten der Pandemie«, einem Tagebuch, das sie zu Beginn der Pandemie über Monate hinweg geführt hat: »Die letzten Wochen des Schreibens an diesem Journal haben für mich etwas wieder zurückerobert, was aus persönlichen und politischen Gründen verloren schien: Autonomie. Eine paradoxale Erfahrung: Im Moment des Eingeschlossenseins, der massiven Beschränkungen durch das Schreiben an diesem Tagebuch, Woche für Woche, eine besondere Form subjektiver Freiheit zu entdecken.«[13] Emcke schrieb Tagebuch ganz nahe am Pandemiealltag.

Das Gewinnen von Autonomie im Schreiben, im Denken, im Vorbereiten von Online-Vorlesungen – es ist auch da möglich. Vorübergehend bewegt man sich da in autonomen Zonen – und das versöhnt mit

---

13 Emcke C (2021), S. 99

der Einschränkung oder macht die Einschränkung aushaltbar. Man kann diese Zonen genießen, ohne sie zu idealisieren – der gewohnte Austausch fehlt. Es ist ein Ort des Rückzugs, der inneren Heimat, aber auch ein Ort der Selbstwirksamkeit – in einer sehr schwierigen Zeit. Zu wissen, dass man im hohen Maße fremdbestimmt ist, zum Beispiel abhängig von Impfstrategien als ein Mensch, der sonst die Sachen selber in die Hand nimmt, und aber doch auch zu spüren, dass noch lange nicht alles fremdbestimmt ist. Man muss also nicht übermäßig ärgerlich werden, sondern die ungewöhnlichen Situationen auf Möglichkeitsräume hin abklopfen. Vertraute Strategien helfen natürlich, aber die Situation fordert auch auf, Ungewöhnliches zu versuchen, Und das gilt auch im Blick auf den zweiten wichtigen Aspekt der Autonomie: der Selbsterkenntnis, dem Kontakt mit den eigenen Wünschen und Absichten.

Selbsterkenntnis in Zeiten der eingeschränkten Autonomie

Die Zeiten der Pandemie eröffnen neue Aspekte der Selbsterkenntnis: Zum einen wird uns gut bewusst, was wir eigentlich wollen, was wir uns wünschen, welche Ziele wir verfolgen wollen – gerade deshalb, weil wir gebremst werden. In Situationen, in denen das normale Leben in Frage gestellt wird, kann einiges auch in Frage gestellt werden. Es wird uns bewusst, dass im gesellschaftlichen, im kulturellen und im politischen Leben die Sollbruchstellen deutlich werden: Wir sehen in dieser Pandemie, was in unseren Ländern funktioniert, was aber auch dringend verbessert werden muss.

Das gilt aber auch für unser eigenes Leben. Vieles kann in Frage gestellt werden, wenn nicht zu große Angst vorherrscht. So höre ich die eine oder den anderen sagen: Eigentlich ist es sehr schön, mehr Zeit zu haben, nicht mehr ständig reisen zu müssen. Und sie sind schon in Sorge, dass sie das in der Zeit nach der Pandemie vielleicht nicht mehr beibehalten können. Vielleicht kann man Verzicht auch unter der Idee betrachten, dass das Leben konzentrierter wird, dichter, nicht nur eingeschränkter.

Interpersonale Unterstützung

Menschen leben sehr nah beieinander: Die einen rücken im wahrsten Sinne des Wortes näher zusammen, notgedrungen, und mit großem Aufwand, die einen froh darüber, die anderen spüren, dass sie einander wenig zu sagen haben. Auch hier: Die Pandemie macht sichtbar, was schon vorhanden war und sich bisher nicht zeigte.

Die soziale Distanz macht uns zu schaffen, es wird uns deutlich, wie wichtig andere Menschen sind, ganz unterschiedliche Menschen, wie wichtig die Resonanz zwischen den Menschen ist. Man kann sehr gut informiert werden online – aber es fehlt das menschliche Zusammenschwingen, die Resonanz, das Miteinander. Wenn es sich aber ereignet, etwa in Situationen, in denen man in einem Online-Seminar berührt ist von einer Situation, ergriffen ist – dann ist das kostbar, viel kostbarer als in normalen Zeiten.

Die soziale Distanz kostet uns auch einen Teil des sozialen Supports, in der Außenwelt, aber auch in der Innenwelt. In der Außenwelt haben wir in normalen Zeiten unsere Netzwerke, auf die wir zugreifen können, wir bekommen instrumentelle Hilfe oder Ideen, wie mit einer schwierigen Situation umzugehen ist. Emotionaler Support gibt uns das Gefühl, von anderen geschätzt, gemocht zu sein. Wir spüren, dass andere Menschen sich auch um uns Gedanken machen: Ermutigung, Empathie, Spiegelung der eigenen Perspektive – das und noch viel mehr machen Menschen, mit denen wir verbunden sind, ohne groß darüber nachzudenken, und das gibt uns ein gutes Lebensgefühl, ein Gefühl von Geborgenheit und des Vertrauens. Emotional unterstützende Beziehungen puffern den Stress ab. Normalerweise wird diese Unterstützung von einigen wenigen nahen Menschen gewährt.

Diese Unterstützung wird beforscht. Stelzer and O'Connor[14] schlagen vor, die intrapersonale und die interpersonale Emotionsregulierung genauer anzuschauen. Intrapersonal sind es die verschiedenen Strategien, die Menschen haben, um ihre Emotionen zu regulieren, wobei die Autorinnen von einem Repertoire an Emotionsregulationsstrategien sprechen. Ein flexibles Repertoire, also verschiedene Strategien je nach Situation (also nicht immer nur schimpfen…), ist verbunden mit psychischer Gesundheit und mit besserem Umgang mit Stress.

Die These der Autorinnen ist nun, dass Menschen zu einem großen Teil ihre Emotionen durch soziale Partner und deren Emotionsregulationsstrategien regulieren, und dass sie dabei für verschiedene emotionale Probleme sich an verschiedene Partner wenden. Es kann dabei um Ermutigung, Neubewertung einer Situation, um eine humorvolle Wende einer schwierigen Situation gehen, etc. In ihrer Studie weisen sie nach, dass Mitmenschen einen großen Einfluss haben auf die Regulierung von Emotionen, dass dadurch ein Fundus von verschiedenen Strategien gewonnen werden kann, so dass kontextsensitives Antworten auf Probleme ermöglicht wird, dass Stress weniger wird. Es muss aber jemand zugegen sein, wenn man sie oder ihn braucht.

Ob wir die anderen Menschen mehr oder weniger brauchen zum Regulieren der Emotionen? Sie sind auf jeden Fall hilfreich – und sie sind in der Pandemie nicht da. Vielleicht ist es uns auch gar nicht bewusst, dass wir uns immer wieder in dieser Weise auf andere beziehen. Anzurufen ist ein viel größerer Schritt als bei einem Kaffee über ein Problem zu sprechen.

Die inneren Objekte – unsere Fantasie

Die Frage ist zudem, wie weit wir wichtige Partner und ihre speziellen Fähigkeiten, die Emotionen regulieren zu können, verinnerlicht haben.

---

14 Stelzer E, O'Connor M (2021)

Grundsätzlicher: Wie weit haben wir eine stützende Umwelt verinnerlicht, wie weit haben wir in der Folge davon in unserer Vorstellung Zugang zu Menschen, denen wir eine gute Problemlösefähigkeit zutrauen? Etwa die Erinnerung an den Großvater, der fand, wenn etwas einen so sehr aufregt, müsse man zuerst Kaffee trinken, danach könne man sich mit dem Problem beschäftigen.

Unsere Innenwelt, unsere Vorstellungsmöglichkeiten, unsere Fantasien sind in dieser eingeengten Situation von einer großen Bedeutung. Unsere Tagträume sind natürlich auch geprägt von der herrschenden Pandemie – aber das ist nicht die ganze Wahrheit. Es wird während der Pandemie sehr viel gelesen – und Geschichten von anderen Menschen, das sind auch Fantasien, oft Fantasien, wie schwierige Situationen überstanden werden, oder sich verändern. Viele Menschen haben vor allem zu Beginn der Pandemie »Die Pest« von Camus gelesen.

Haben wir Zugang zu unseren Fantasien, dann haben wir auch Zugang zu Erinnerungen, die uns tragen und getragen haben, aber auch zu Fantasien, die die Zukunft betreffen. Gerade das Erinnern an Situationen, die uns emotional besonders wichtig waren, uns ergriffen haben, weckt Sehnsucht nach einer zukünftigen Wiederholung ähnlich erfüllender Erfahrungen, oder noch besserer. Gewiss, dass wir nicht ausmachen können, wann wir denn unsere uns wichtigen Wünsche wieder realisieren können, kann manchen daran hindern, konstruktive Fantasien zuzulassen. Es soll wieder »normal« werden – aber vielleicht wird es auch ganz anders. Verschiedene konstruktive Fantasien des Normalen ermöglichen es uns, auch in Zukunft neue Probleme zu lösen, miteinander. Aber gibt es dieses Miteinander? Unsere Fantasien kann das Virus nicht eindämmen – außer wir sind ganz gepackt von Fantasien der Angst, aber wir selber können unsere Fantasie einengen oder sie als Ressource nützen.[15]

---

15 Kast V (2012)

Autonomie schwächt das Vertrauen

Francis Fukuyama, ein US-amerikanischer Politikwissenschaftler, vertritt die These, dass zu viel Autonomie das Vertrauen der Menschen untereinander schwäche: Vertrauen aber sieht er – und nicht nur er, sondern zum Beispiel auch Niklas Luhmann und Axel Honneth – als soziales Kapital, das es ermöglicht, auch größere Probleme, vor denen die Menschheit steht und durch die sie herausgefordert wird, zu lösen. Und eines dieser größeren Probleme ist in seinen Augen das Auseinanderdriften von rechts und links – besonders in den USA –, das Aufkommen des Rechtspopulismus überall, aber auch die Klimakatastrophe.

Wie argumentiert er? Durch die Aufklärung, sichtbar in Nietzsches Zarathustra und dem Hinweis darauf, dass Gott tot sei, wurde der Begriff der Autonomie erweitert: Nicht nur das moralische Gesetz soll akzeptiert werden (Luther, Kant), sondern das Individuum soll für sich selber Gesetze erarbeiten. Für Nietzsche ist die Erschaffung von Werten der höchste schöpferische Ausdruck. An inflationärer Autonomie nicht zu überbieten in diesem Zusammenhang ist Zarathustra mit seiner Idee, alle Werte umzuwerten. Das habe eine moralische Verwirrung verursacht.

Und diese Verwirrung, so Fukuyama, haben die liberalen Gesellschaften geerbt – weil der gemeinsame religiöse Horizont weggebrochen ist. Zwar schützen die Verfassungen die individuelle Würde, unsere moralischen Entscheidungen und die individuellen Rechte. Aber was ist das Ausmaß der Entscheidungen? Heißt Autonomie, dass ich das Regelwerk der Gesellschaft annehmen oder ablehnen kann, oder geht es um »wahre Autonomie«, darum, dass man selber Regeln aufstellen kann? Und hier setzt nach Fukuyama der exzessive Individualismus ein. Er zitiert Anthony Kennedy (Richter am Obersten Gerichtshof der USA),[16] der im Zusammenhang mit der Erlaubnis zur künstlichen Befruchtung feststellte, Freiheit sei das Recht, »seine eigene Idee der Existenz, des Sinns, des Universums und des Mysteriums des menschlichen Lebens zu definieren.« Wird Autonomie so definiert, kann man sich nur noch schlecht auf eine

---

16 Fukuyama F (2001) S. 63, Fußnote 43

minimale gemeinsame Kultur einigen, und das, so Fukuyama, hat zur Folge, dass man die gemeinsamen Aufgaben nicht mehr bewältigen kann, nicht mehr dieselben Institutionen als legitim erachtet, ohne eine gemeinsame Sprache nicht mehr miteinander kommunizieren kann. Bricht der gemeinsame moralische Horizont weg, ist man miteinander wetteifernden Wertesystemen ausgeliefert. Das löst nicht einfach Freude darüber aus, dass man eine große Entscheidungsfreiheit hat, sondern Unsicherheit, Entfremdung. Wie soll man da das »wahre Selbst« noch kennen? Das, was Menschen für ihr wahres Selbst halten, so Fukuyama, setzt sich aus Normen, Erwartungen der anderen Menschen, aus den Beziehungen zu diesen anderen Menschen zusammen – nicht aus den unerschöpflichen Tiefen der eigenen Individualität. Und deshalb sucht man eine gemeinsame Identität in neuen sozialen Gruppen mit einem moralischen Horizont. Das sieht Fukuyama als Grundlage für den exzessiven Nationalismus.

Eine therapeutische Gesellschaft?

Das sieht nicht nur Fukuyama so. Marc Saxer (2019), Politologe und Jurist, beschäftigt sich mit gesellschaftlichen Transformationen. In seinem Artikel »Die therapeutische Gesellschaft« weist er darauf hin, dass kollektive Herausforderungen, wie etwa der Klimawandel, die Geschlechtergerechtigkeit, Flüchtlingsfragen, sich nicht durch individuelles Verhalten lösen lassen: Individuen, so Saxer, würden mit großem Elan an sich selber arbeiten, sich selber optimieren, sich auch vieles versagen, die Sprache ändern, um niemanden auszuschließen.

Warum ist das so? In den Jahrzehnten neoliberaler Hegemonie habe man gelernt, den Blick zuerst und ausschließlich auf das Individuum zu richten. Das war auch das Heilsversprechen der Psychotherapie: Durch ein besseres Verständnis der eigenen Bedürfnisse (müsste man wohl präziser fassen, ob das wirklich die Quintessenz der Psychotherapie ist?) bestehe die Möglichkeit, Konflikte zwischen Menschen aufzulösen – also mehr Autonomie, um besser miteinander umgehen zu können. Ausgeblendet werde in dieser Sicht die Welt der Strukturen, die Partikularinteressen, die Machtstrukturen. Die demokratische Gestaltungsfähigkeit (Saxer) werde aus einer teils ideologischen Verengung des Blickfeldes nicht mitgedacht. Das zeige sich etwa im Rückzug auf die eigene Lebenswelt und auf die Weigerung, die Lebenswelt der anderen wahrzunehmen (so z. B. Städter gegen die Landbevölkerung). Natürlich sei nichts gegen Selbstverantwortung einzuwenden – aber es müsste auch der Blick auf das Soziale geschärft werden. Zum Problem werde die Selbstoptimierung, wenn die Dringlichkeit kollektiven Handelns aus dem Blick gerät. Was nützt es, wenn ich auf Reisen verzichte, wenn die fossile Brennstoffindustrie munter weiter Kraftwerke baut? Soziale Konflikte lassen sich nicht durch Selbstoptimierung, sondern durch Kompromisse zwischen den sozialen Klassen im Gesellschaftsvertrag lösen.[17]

Der Kult der Autonomie, der Authentizität und die Identitätspolitik

Identitätspolitik, politisches Handeln, das sich um die Bedürfnisse einer spezifischen Gruppe von Menschen dreht, ist sehr aktuell und verhindert Gemeinsamkeit (Amanda Gorman: Das Gedicht, das sie anlässlich der Inauguration von US-Präsident Joe Biden vorgetragen hat. Die erstaunliche Diskussion: Darf eine weiße Frau das Gedicht dieser nicht weißen Frau übersetzen?). Identitätspolitik ist nah bei der Cancel Culture, die von den USA zu uns übergeschwappt ist: Man muss sich auf jeden Fall politisch korrekt äußern, sonst wird man abgestraft…

Worum geht es?
Es geht um die Rechte einer breiten Palette ausgegrenzter Gruppen, die diskriminiert, unsichtbar gemacht worden, Vorurteilen ausgesetzt sind,

---
17 Saxer M (2019), 4/7

missachtet werden – und die alle öffentliche Anerkennung verdienen (Black Lives Matter, Frauenbewegung, Genderthematik, Me too...). Identitätspolitik ist eine Reaktion auf Ungerechtigkeit. In liberalen Demokratien verdient jeder Bürger Respekt und seine Würde als Individuum muss erhalten bleiben. Das Glück des Einzelnen hängt von der Selbstachtung ab, und diese ist auch ein Nebenprodukt der öffentlichen Anerkennung. Minderheiten müssen so angesprochen werden, dass sie nicht gekränkt werden.

Natürlich sollen Ungerechtigkeiten beseitigt werden, soweit das möglich ist. Natürlich ist der Respekt vor anderen Kulturen unabdingbar, natürlich verdient jeder Mensch Anerkennung. Wechselseitige Anerkennung, wie Axel Honneth sie fordert, wäre gefragt. Bleibt es aber bei der Identitätspolitik, so gibt es eben keine wechselseitige Anerkennung, und das Erreichen gemeinsamer Ziele ist bedroht, wenn sich Linke und Rechte immer stärker auf den Schutz immer enger gefasster Gruppenidentitäten konzentrieren.

Auch lenkt diese Identitätspolitik von großen Problemen ab, die gelöst werden müssen: von der Klimakrise, der Flüchtlingskrise usw.

Partielle Identitäten verringern Vertrauen zwischen Eigen- und Fremdgruppen. Die Autonomie gleichwertiger Individuen sollte auch auf größere Gruppen übertragen werden. Je größer der Radius des Vertrauens, desto größer der Erfolg für gemeinsame Projekte, aber auch für die Anerkennung der einzelnen Individuen. Kleinere Gruppen (Identität) müsste man in größere Gruppen integrieren, auch wenn sie dadurch etwas Autonomie verlieren könnten, so Fukuyama. Sie sollten sich nicht immer mehr isolieren.

Eine moderne Gesellschaft, so schlägt Fukuyama vor, kann verstanden werden als eine Überlappung von Radien von Vertrauen –Freunde, Cliquen, NGOs, religiöse Gruppen etc. Vertrauen ermögliche eine dichte Zivilgesellschaft, die eine geschützte Sphäre von individueller Freiheit ermögliche, in die der Staat nicht eingreifen kann. Die Zivilgesellschaft balanciert zwischen der Macht des Staates und der Freiheit des Individuums. In Abwesenheit der Zivilgesellschaft organisiert der Staat die Individuen, die sich nicht selber organisieren können.

Die Unsitte der Moderne bestehe im exzessiven Individualismus, der ausschließlich sich mit dem eigenen Leben und dem der Familie beschäftigt, und dem Unwillen, sich mit öffentlichen Dingen zu beschäftigen. Exzessiver Individualismus führt nicht zu Freiheit, sondern zu Tyrannei (Toqueville).

Seit der Aufklärung ist die Idee, dass jedes Individuum Anerkennung verdient, einfach, weil ein jedes es selbst ist, der intellektuelle Grundstein für progressive und liberale Veränderungen in unserem Leben. Im 21. Jahrhundert wird klar, dass diese individualisierende Politik viele von unseren geteilten Werten und die demokratischen Institutionen bedrohen.

Fazit

Was ist zu tun?

1. Sich mit den Ungleichheiten, den Ungerechtigkeiten beschäftigen. Identitätspolitik ist oft der Ruf, eine Ungleichheit zu beenden.
2. Auch einen Fokus auf das miteinander Geteilte in unseren nationalen Identitäten zu legen, auch wenn wir verschieden sind.

Woran ist zu denken?
Unsere Freiheit beruht nicht nur auf dem, was individuell in uns einzigartig und wertvoll ist, sie wurzelt auch in dem, was wir als gemeinsam verpflichtend sehen. Kreativ autonom sind wir mit anderen zusammen – besonders in Zeiten der Unsicherheit.

Literatur

Beck AT (1983) Cognitive therapy of depression. New perspectives. In: P. J. Clayton, J. E. Barrett (Eds.) Treatment of depression. Old controversies and new approaches. New York: Raven Press.
Carey B (2021) Why older people managed to stay happier through the pandemic. New York Times
Emcke C (2021) Journal 2021. Tagebuch in Zeiten der Pandemie. Frankfurt: Suhrkamp.

Fukuyama F (2001) Social capital, civil society and development. The World Quarterly, 22(1).

Fukuyama F (2019) Identität. Wie der Verlust der Würde unsere Demokratie gefährdet. Hamburg: Hoffmann und Campe.

Honneth A (1994) Kampf um Anerkennung. Zur moralischen Grammatik sozialer Konflikte. Frankfurt: Suhrkamp.

Kast V (2012) Imagination. Zugänge zu inneren Ressourcen finden. Ostfildern: Patmos.

Kunst LE, Maas MA, van Assen W, van der Heijden W, Bekker MHJ (2019) Autonomy deficits as vulnerability for anxiety. Evidence from two laboratory based studies, Anxiety, Stress and Coping, 32(3), 244–258.

Mentzos S (1988) Interpersonale und institutionalisierte Abwehr. Frankfurt: Suhrkamp.

Rössler B (2017) Autonomie. Ein Versuch über das gelungene Leben. Berlin: Suhrkamp.

Saxer M (2019) Die therapeutische Gesellschaft. In: Zukunft der Sozialdemokratie, IPG-Journal.

Seiffge-Krenke I (2004) Psychotherapie und Entwicklungspsychologie. Berlin, Heidelberg: Springer.

Stelzer E, O'Connor M (2021) Can less ever be more? A model of emotion regulation repertoire of social support. (ERROSS) In: Emotion Review 1–14

Ziegenhain U (2001): Sichere mentale Bindungsmodelle. In: G. Gloger-Tippelt (Hrsg) Bindung im Erwachsenenalter. Bern: Huber.

Soziale Beziehungen im Zeitalter der Digitalisierung

Vera King

Wie verändern sich soziale Beziehungen und individuelle Entwicklungen im Zeitalter der digitalen Medien? Welche psychischen Bedeutungen sind mit dem technischen und damit verbundenen soziokulturellen Wandel verknüpft? Um diesen Fragen nachzugehen, werden im Beitrag die Formen und Merkmale von Kommunikation und Beziehungen in sozialen Medien sowie die Relationen von Online- und Offline-Bezügen aus psychodynamischer Sicht beleuchtet. Gefragt wird dabei auch, worin produktive Bereicherungen der digitalen Medien für Beziehungen einerseits und Schattenseiten andererseits liegen. Hinsichtlich der Risiken, die aus klinischer Sicht besonders relevant sind, ist zu prüfen, ob bestimmte Bedingungen der digitalen Welt und ihrer Kommunikationsformen die psychische Autonomisierung, Bezogenheit und Selbst-Objekt-Differenzierungen erschweren können. Digitale Medien oder Praktiken verändern, so eine der zentralen Thesen, potenziell die Wahrnehmung von Getrenntheit und Verbundenheit. Nicht zuletzt geht es insofern auch um das Verhältnis von individueller und sozialer Pathologie, um kulturelle Normalisierung von Pathologien in digitalen Welten. Der folgende Abschnitt gibt hierzu ein erstes Beispiel.

Dauerkommunikation als Abwehr- und Stabilisierungsversuch

Saskia Jahn[1], eine junge Frau, Angestellte in der Dienstleistungsbranche, wird im Rahmen eines Forschungsprojekts[2] interviewt. Sie erzählt von ihrer aktuellen Lebenssituation und von ihrer Biografie. Vor der Coronapandemie sei ihr Leben sehr geprägt gewesen vom Ausgehen, Feiern, Unterwegssein. Im Verlauf des Interviews wird deutlich, wie sehr ihr Aktivismus und das Nach-außen-Gerichtetsein auch ein Versuch der Bewältigung starker innerer Unruhe sind, die sie schwer halten kann. Eine spannungsreiche Dysbalance, die mit biografischen Verletzungen und von ihr als traumatisch konnotierten, zugleich aber auch bagatellisierten Erlebnissen zu tun hat. Wiederholt schildert sie zudem ihre Enttäuschung aufgrund unerwarteter Feindseligkeiten von Personen, denen sie zunächst vertraut habe. Die innere Spannung über-

---

1 Alle Namen von Interviewten sind anonymisiert. Die Transkription ist wortwörtlich, aber im Dienste der Lesefreundlichkeit stark vereinfacht.

2 Das Interview stammt aus dem Frankfurter Teilprojekt des Verbundprojekts »Das vermessene Leben«, gefördert von der VolkswagenStiftung in der Förderlinie »Schlüsselthemen für Wissenschaft und Gesellschaft«, das 2018 startete. Sprecherin ist Vera King (Goethe-Univ. & Sigmund-Freud-Institut Frankfurt/M.), das Berliner Teilprojekt leitet Benigna Gerisch (International Psychoanalytic University), das Jenaer Teilprojekt wird von Hartmut Rosa geleitet (Univ. Jena & Max-Weber-Kolleg Erfurt); wissenschaftliche Mitarbeiter des Projekts an der IPU Berlin, an Goethe-Univ. & SFI Frankfurt sowie der Univ. Jena u. a.: Diana Lindner, Micha Schlichting, Julia Schreiber, Maike Stenger, Anna Rosa Ostern, Benedikt Salfeld, Stella Voigt. Im empirischen Teil des Projekts wurden eine quantitative Online-Befragung von 1.000 Personen, weiterhin Experteninterviews zu Quantifizierungen im beruflichen Alltag, Sekundäranalysen von Material aus dem Vorgängerprojekt APAS (vgl. dazu Gerisch B et al. 2018, King V et al. 2021a, Rosa H et al. 2021) und neue narrative/psychodynamisch orientierte Interviews mit Männern und Frauen zwischen 25 und 40 Jahren aus nicht-klinischem und klinischem Sample durchgeführt. Vgl. zum Projekt »Das vermessene Leben« auch King V et al. (2021b). Zur Übersicht und für weitere Details siehe auch: http://www.sigmund-freud-institut.de/index.php/forschung/forschungsschwerpunkte/das-vermessene-leben-produktive-und-kontraproduktive-folgen-der-quantifizierung-in-der-digital-optimierenden-gesellschaft/. Im Frankfurter Teilprojekt geht es insbesondere um psychische Bedeutungen der Social-Media-Praxis.

setzt sich in äußere Unruhe, in Bewegung und möglichst pausenlose Kommunikation und Unterhaltung – vor Corona sei sie eigentlich »nur noch unterwegs« gewesen.

Einen zunächst sehr beängstigenden Einschnitt bedeutet für sie der Lockdown, der das ständige Nach-außen-Gerichtetsein verhinderte. Frau Jahn beschreibt, wie sie sich nun umso häufiger und intensiver den digitalen Medien zuwendet und ihren Aktivismus durch Posten von Bildern und Filmen, Kommentaren und Stories in digitalen Chat-, Blog- und Social-Media-Beziehungen realisiert:

> »*Ich bin einfach sehr kommunikativ, unterhalt mich gerne, tausch mich gern mit Menschen aus und – grade, wenn man dann in seiner Story irgendwas erzählt, und wenn s nur irgendwas über ne Serie is, so viele Leute antworten dadrauf.*«

Im Zentrum steht erneut, wie beim ständigen Unterwegssein vor Corona: Es soll vor allem *keine Unterbrechung* geben im fortwährenden Fluss des Erzählens und Antwortens, wobei im Digitalen, durch Social Media, der Anschein steter Verbundenheit mit *so vielen*, das Aufrechterhalten von rasch wechselnden Verbindungen, die Vermeidung der Getrenntheitserfahrung und von Grenzen nochmal deutlich gesteigert wird.

Zugleich tauchen auch die verfolgenden Objekte, die für ihre Struktur und Verarbeitungsweisen typisch sind, rasch wieder auf. Etwa unmittelbar anschließend an Äußerungen von Befriedigung über ihre Social-Media-Aktivitäten, die ihr »irgendwie ziemlich viel« geben, beschreibt sie, dass sie nun angefeindet werde aufgrund ihres Erfolgs als Influencerin:

> »*Und mir gibt das grade irgendwie ziemlich viel, also ich bin auch echt angefeindet worden jetz in letzter Zeit, ob ich jetz einen auf Influencerin mache, weil ich – ähm tatsächlich auch n bisschen Werbung gemacht habe und die ein oder andere Kooperation angeboten bekommen habe – ähm, aber ich bild mir darauf halt jetz auch nichts ein.*«

»Wenn Corona rum is«, werde sie, »vielleicht weniger Zeit dafür investieren als jetzt«, überlegt sie:

> »Aber grade is es für mich echt ne Ablenkung, zumal – das Internet für viele ja auch immer n Ausweg is eigentlich aus dem realen Leben – und ich hab eigentlich immer gedacht, dass es nur für für sehr einsame Leute so is, dass sie sich wirklich da drin verlieren. Aber in letzter Zeit merk ich das auch son bisschen, dass ich mich da manchmal drin verliere.«

Zugleich wird in ihrem Narrativ insgesamt deutlich, dass sie sich nicht nur *zeitlich* darin verliert. Denn die abwehrende Bewegung, die in ihrem extrovertierten Aktivismus liegt, findet offenkundig im Feld der bei ihr verstärkten digitalen Kommunikation und Beschäftigung mit der Optimierung ihrer Performance eine besonders günstige Entsprechung. Diese psychischen Mechanismen bilden sich unmittelbar in ihren Darstellungen ab. So springt sie immer dann, wenn ihre Erzählung gefährlich nah an schmerzliche, traurige oder ihr Selbstgefühl verletzende Punkte gelangt, rasch in das Terrain der unbegrenzten digitalen Möglichkeiten, der Optimierungsverheißungen und damit verbundenen Ablenkungs- und Heilsversprechen:

»Ich bin so n Mensch, der sehr schnell alles zerdenkt [...], dann natürlich über meine kranke Mutter, wenn die Corona kriegt, dann is Super GAU und – ja, da is Instagram und sich damit zu beschäftigen und auch kreativ zu werden auch vielleicht ähm die Werbeanfragen, die ich kriege, kreativ umzusetzen, is für mich grade echt ne ganz gute Ablenkung.«[3]

Den Corona-Lockdown, der für sie psychisch hochgradig bedrohliche, destabilisierende Unterbrechungen ihrer Abwehrmanöver bedeutet, versucht sie durch gesteigerte Social-Media-Aktivitäten zu kompensieren. Und wenn sie traurig ist oder sich entwertet fühlt, befasst sie sich mit der Optimierung ihres Internet-Auftritts im Bemühen um mehr Bestätigung und Likes.

Sich Verlieren im Netz: Dissoziation als funktionale Praxis und Abwehrform

Anhand dieses Beispiels wird anschaulich, dass digital-mediale Praktiken im Rahmen bestehender Pathologien und biografischer Dispositionen zunächst einmal schlicht verwendet werden können für symptoma-

---

3 Die wortwörtliche Transkription wurde im Sinne der Lesbarkeit bei allen Zitaten leicht vereinfacht und z. B. um Satzzeichen ergänzt.

tisches Agieren und im Sinne einer funktionalen Abwehr. Die Pathologie wird dabei nicht etwa durch digitale Medien erzeugt. Aber vieles spricht dafür, dass entsprechende Muster verstärkt werden: gerade, weil ihr Handeln eingebettet ist in eine große Social-Media-Community mit von vielen als erstrebenswert angesehenen Orientierungen. Digitale Praktiken können gleichsam in Symptomatiken »eingebaut« werden. Das *Sich-Verlieren* im Netz, von dem Saskia Jahn spricht, kann also einerseits als eine Art Alltagsphänomen erscheinen. Es kann aber auch die Funktion einer symptomatischen Abwehr annehmen im Rahmen einer Pathologie, bei der sowohl Getrenntheit als auch Verbundenheit vermieden werden können, gleichsam entdifferenziert werden.

Phänomene des digitalen Sich-Verlierens wurden jüngst von Diamond[4] auch als Beispiel für, wie er es nennt, sekundär *dissoziative* Abwehrformen beschrieben Mit »sekundär« meint er, dass es nicht um Dissoziationen im Gefolge von Traumata geht, sondern um klassische Abwehrmechanismen. Die Unterscheidung scheint heuristisch hilfreich, um auch dissoziative Phänomene im Kontext von Digitalisierung einordnen zu können. Diamond verweist auf das Beispiel eines Patienten, der sich immer dann, wenn bei seiner beruflichen Arbeit Themen berührt werden, die für ihn psychisch bedrohliche Konflikte aktivieren, unwillkürlich in dissoziierte Zustände flüchtet. Er »verlor sich stundenlang«, so seine eigene Formulierung, in »Börsenkursen und Tagträumen, ohne ein Gefühl für Zeit oder Handlung zu haben, bis er von jemandem, der seinen Arbeitsplatz betrat, ›unsanft geweckt‹ wurde«[5]. Offenkundig ist auch dies ein Beispiel, bei dem das Sich-Verlieren im Netz Teil einer pathologischen Formation ist – und das doch etwas Geläufiges und Verbreitetes beschreibt.

In einem Zwischenfazit lässt sich somit festhalten, dass digitale Praktiken neue Bedingungen erzeugen für symptomatisches Agieren, für Inszenierungen innerer Spannungen, Affekte, Konflikte oder Objektbeziehungen. Sie können zudem *verstärkend* wirken aufgrund ihrer *Normalisierung*. Im Lichte dessen finden wir hier auch Anhaltspunkte für die *durch digitale Medien induzierten* Veränderungen von sozialen Be-

---

4 Diamond M (2020)
5 ebenda, S. 850

ziehungen, der Kommunikationspraktiken und psychischen Verarbeitungsweisen, mit produktiven oder kontraproduktiven Potenzialen.

Das *Sich-Verlieren im Netz*, die im weiteren Sinne *dissoziierenden* Praktiken oder Wahrnehmungen und ihre Implikationen für Beziehungen, spielen eine wichtige Rolle, wie noch zu vertiefen sein wird. Ebenso der defensiv verwendbare *Anschein* des Ununterbrochenen, die damit verbundene Vermeidung von Getrenntheit über digitale Pseudo-Verbindungen. Zunächst folgen jedoch einige Anmerkungen zur Digitalisierung der Gesellschaft sowie zu Nutzungstrends.

Ambivalenzen der digitalen Moderne

In zeitdiagnostischen Analysen werden die weitgreifenden Wandlungen, die mit der Verbreitung der digitalen Technologien einhergehen, auch als kulturelle Zäsur beschrieben.[6] Digitalisierung meint hier also weit mehr als die technischen Innovationen der Datenverarbeitung, denn die »Transformation analoger in [...] maschinell berechenbare Prozesse« ist mit einschneidenden Folgen für sämtliche Bereiche des Lebens verbunden. Technische Neuerungen und gesellschaftliche Dynamiken oder »Muster«[7] stehen dabei in Wechselwirkung:[8] Die Wettbewerbsdynamik verlangt effiziente und schnelle Technik sowie mediale Optimierung, während Kultur und Individuen sich wiederum wandeln durch damit verknüpfte Veränderungen sozialer Beziehungen, dadurch, dass Geräte multifunktionaler, vernetzter, handlicher, selbstverständlicher, mobiler und in der Tendenz omnipräsent sind. Interaktion und Kommunikationsweisen transformieren sich, psychisch folgenreich sind etwa die Formen der Zu- und Abwendung, des Zusammen- und Getrenntseins, des Da- oder Dort-Seins, von Kontakt und Abschied, Intimität und Distanz.

Im Laufe der Coronapandemie wurden diese Veränderungen mit besonderer Intensität erfahren. Sie wurden auch neu schätzen gelernt, insofern digitale Medien trotz Corona vieles ermöglicht haben. Spürbar

---

6 Baecker D (2018), S. 9
7 Nassehi A (2019)
8 Wajcman J (2021)

wurden Vor- und Nachteile sowie die ungewohnten Eigenheiten der entsinnlichten Begegnungen im Digitalen, etwa in Videokonferenzen. Ermöglichen diese doch Verbindung und Teilhabe, während gleichzeitig etliche Signale wegfallen, die für das Spüren der Schwingungen im Kontakt mit anderen – in der leiblichen Präsenz und zwischenleiblichen Begegnung[9] – sonst unerlässlich sind und für die, soweit möglich, neue Sensorien entwickelt werden mussten. Für das im mehrfachen Sinne »Abwesende«[10] musste teils eine neue Sprache gefunden werden. Neu erlebt wurde etwa auch die Dominanz der Gesichter, des Blicks des Anderen in digitaler Form. Verstärkt wurde das, was Multitasking genannt wird – man könnte auch von vervielfältigten dissoziierten Aktivitäten und Wahrnehmungen sprechen, also während der Videokonferenz noch Mails beantworten usw. Manches davon wird mitgenommen werden in die Welt nach der Pandemie, zugleich gab es Sehnsucht nach der Rückkehr in leibhaftige Begegnungen. Was durch die Erfahrung der Coronapandemie noch verstärkt worden ist, sind die sich ausweitenden Bedeutungen der digitalen Medien, Technologien und die dadurch veränderten Beziehungen und psychischen Entwicklungen – mit all ihren Ambivalenzen. Die Nutzungsdauer dehnt sich eher aus, während gleichzeitig, wie schon im Beispiel von Saskia Jahn, auch Unbehagen artikuliert wird.

Nutzungstrends

»Derzeit sind 88 Prozent der deutschen Bevölkerung online, 80 Prozent auch mobil. Der Trend der hohen Zuwachsraten beim mobilen Internet setzt sich auch 2020 fort«, so ein zusammenfassender Befund.[11] Während Erwachsene, so Alter[12] für die USA, 2008 noch 18 Minuten pro Tag mit ihren Mobile Phones beschäftigt waren, sind es 10 Jahre später etwa 3 Stunden täglich. Zugleich sank kontinuierlich das Alter, ab dem digitale Medien in der Kindheit genutzt werden. Und für viele gilt, dass

---

9 Fuchs T (2020)
10 Löchel E (2019)
11 Initiative D21 e. V. (2021)
12 Alter A (2017)

sie mehr oder minder permanent potenziell online verbunden sind, auch wenn sie zwischendurch anderes machen. »Das Internet ist das zentrale Alltagsmedium: 89 Prozent der Jugendlichen sind täglich online.«[13]. Die durchschnittliche tägliche Internet-Nutzungsdauer der 12- bis 19-jährigen sei im Coronajahr 2020 »nach eigener Einschätzung der Jugendlichen [...] auf 258 Minuten gestiegen (2019: 205 Min.)«.[14] Jungen spielen häufiger digitale Spiele, während Mädchen Kommunikationsformate etwas stärker zu nutzen angeben. Die große Mehrheit der Jugendlichen betont, dass sie ständig nach ihren Smartphones griffen. Entsprechend analysiert etwa Alter[15] in seinem Buch über die *Unwiderstehlichkeit* des Digitalen die Frage *Why we can't stop checking, scrolling, clicking and watching*. Anziehend ist demnach für viele der einfache Zugang zu Informationen und Optionen, die Möglichkeit, sich zu verbinden oder die eigenen Sichtweisen und Vorlieben zu vervielfältigen. Digitale Medien binden ihre Nutzer auch aufgrund der Wünsche, gesehen und anerkannt zu werden, gut anzukommen. Möglichst »unwiderstehlich« zu sein, ist entsprechendes Produktziel jeder Marketing-Kampagne und Ziel algorithmischer Optimierungen. Und die Marktlogik des Netzes verlangt, Nutzende maximal zu binden, um möglichst viele Daten zu erlangen und verwerten zu können.[16] Keine Organisation, kein Akteur, der im weitesten Sinne auf Resonanz angewiesen ist, kann es sich erlauben, nicht über digitale Medien am Wettbewerb um Aufmerksamkeit teilzuhaben. Und diese Sogkraft der digitalen Interaktionen und Verheißungen hat nicht zuletzt eine hochgradig folgenreiche, wenngleich häufig weniger stark beleuchtete Kehrseite im nicht-digitalen Raum – insofern sie dem Offline-Geschehen Aufmerksamkeit und Bedeutung entzieht.

Zeitgleich mit dieser vielfach ansteigenden Nutzungsintensität scheint teils auch das Unbehagen zuzunehmen, so der Befund einer Untersuchung über 14- bis 24-jährige.[17] Dabei berichtete etwa die Hälfte,

---

13 MPFS (2020a)
14 MPFS (2020b)
15 Alter A (2017)
16 Zuboff S (2018)
17 DIVSI U25 (2018)

dass sie sich zwar wünschen, weniger online zu sein, während für die Mehrheit ein Leben ohne Internet nicht vorstellbar sei. Nimmt man Resultate verschiedener Studien zusammen, auch die Analysen zum »Vermessenen Leben«,[18] so steigt die Nutzung über alle Altersgruppen, während zugleich einige die Sogwirkung als zu stark erleben. Beides, die Unwiderstehlichkeits-Effekte wie auch das damit verknüpfte Unbehagen – im Sinne von »es ist zu viel, teils schädlich, aber nicht zu ändern« – verweist auf die Omnipräsenz des Digitalen. Digitale Welten sind nicht mehr einfach sekundär im Verhältnis zur materiellen »Offline-Welt«. In diesem Sinne zeichnet sich – unabhängig von den Präferenzen Einzelner, die sich der digitalen Formate mehr oder weniger bedienen, und unabhängig davon, ob sie als Fluch oder Segen erachtet werden – Digitalisierung als eine grundlegende Transformation des Sozialen ab – also der Art, wie Beziehungen gelebt und gestaltet werden. Auch weil digitale Praktiken das Primat der nicht-digitalen sozialen Welt in einigen Hinsichten relativieren. Zumindest gibt es etliche Bereiche, in denen die leiblich-materiell präsente Welt im Verhältnis zur digitalen gleichsam den Kürzeren zieht. Daraus ergeben sich digital veränderte Bedingungen des Aufwachsens.

Psychosoziale Bedeutungen von Social Media in der Adoleszenz

Von Digitalisierung sind alle betroffen, Erwachsene und Heranwachsende, doch die jüngere Generation wird auf besonders umfassende Weise in digital geprägten Welten sozialisiert. Über die ständige Verbindung zu anderen haben sich die Bedeutungen von Drinnen und Draußen, Anfang und Ende, Zusammen- und Getrenntsein gewandelt. Für den Alltag von Jugendlichen heißt es: Die Gleichaltrigen sind digital immer dabei. Abgrenzung von den Eltern vollzieht sich dabei auch in neuen

---

18 Vgl. Fn 2

Formen. So sind Kinder und Jugendliche etwa gleichzeitig zuhause und im virtuellen Raum weit von den Eltern entfernt. Sie erzeugen ihre eigenen Welten und grenzen sich dabei auch ab. Für die Erwachsenen kann es im Verhältnis zu den Adoleszenten auch darum gehen, ob sie mithalten oder die jüngere Generation erreichen können.

Für Heranwachsende wiederum erlangen digitale Praktiken geläufige adoleszenztypische psychische Funktionen. So geht es etwa um jugendliche Selbstinszenierung oder das Spiel mit Grenzüberschreitungen, um den Schritt vom Kind zum Adoleszenten oder Erwachsenen zu bewältigen.[19] Zum Beispiel ist gerade das Teilen von Bildern, *News* und *Stories* mit Anderen für Adoleszente von eminenter Bedeutung bei der Suche nach Spiegelung oder Bestätigung. Inhalte und Nutzungsweisen sozialer Medien sind verstehbar als von Bollas[20] so genannte *Generationsobjekte*, die als identitätsstiftend erlebt werden. Sich den Blicken und Kommentaren anderer auszusetzen, kann zudem die Funktion adoleszenter Bewährung und experimenteller Selbstschöpfung erlangen. Wobei nach Studien auch Ängste vor Attacken angestiegen sind. Insgesamt kann das Sich-Zeigen in *Social Media* verschiedene Effekte und Qualitäten zeitigen.

»Wenn ich morgens aufstehe, schalte ich zuallererst mein Handy an«

In Interviews mit Adoleszenten, die wir in Hamburg und Frankfurt erhoben haben,[21] lautete der typische Auftakt »*Wenn ich morgens aufstehe, schalte ich zuallererst mein Handy an*«. Die Tagesabläufe waren entsprechend gerahmt: »morgens einschalten und dann den Tag über bis zum Einschlafen irgendwie dranbleiben« – wenn es nicht gerade Hemmnisse

---

19 King V (2018)
20 Bollas C (2000)
21 Interviews wurden an den Universitäten Hamburg 2014/15 und Frankfurt 2016 durchgeführt – zuletzt in einer Pilotstudie 2017/2018, geleitet gemeinsam mit Susanne Benzel u. a. (SFI Frankfurt/M.). Interviewanalysen werden ergänzt durch Analysen der von den Jugendlichen ausgewählten Photographien. Vgl. dazu auch King V (2018).

gibt, in Schule oder Ausbildung, die dies phasenweise spürbar unterbrechen. Teils wirkt es auch so, als ob es sich wie »unter der Hand« herstellt. Zum Beispiel beschreibt Sandro, wie er »*sich selbst dabei erwische, dass (er) [...] oft zu viel [...] so in dieser Sozialen Medien-Welt sei [...]*«, sich darin verliert.

Bei Judith (19 J.) klingt es so:

»Also ich ehm – gucke aufs Handy, wenn ich aufwache, weil da mein also mein Wecker drauf ist, ne und dann gucke ich erstmal, ob mir irgendjemand geschrieben hat und dann – ehm (2) sitze ich – am Frühstückstisch und hänge auch irgendwie am Handy. Also es ist schlimm, das ist echt schlimm. Ehm (3) und dann fahr ich in die Schule und hänge auch am Handy, bis dann der Unterricht anfängt, und wenn der langweilig ist, guckt man natürlich auch drauf, gerne. Ehm (2) und dann fahre ich nach Hause, da höre ich dann Musik auf dem Handy – und Zuhause beim – Mittagessen gucke ich wieder irgendwie auf'm Handy (usw.)[...] aber al – also eigentlich permanent.«

Dass Online-Bezüge insofern die Offline-Welt dominieren, zeigt sich nicht nur in der Dauer des von Judith so bezeichneten »permanenten am Handy Hängens«, sondern auch in Relevanzverschiebungen. Wenn etwa auch beim *Zusammensein mit anderen* jede Aktivität sofort gepostet wird und die Offline-Begegnung nur noch die Funktion der Materialbeschaffung für Online-Kommunikation annimmt.

Motive oder Freude an diesen Aktivitäten gründen etwa darin, dass sie so einfach mitgeteilt werden können, dass Raum, Zeit und die Bezüge zu anderen vervielfältigt erscheinen. Dabei spielt auch die größere Unmittelbarkeit der Kommunikation eine wichtige Rolle. Etwa bezogen auf das rasche Tempo, in dem jeder erreicht werden oder antworten kann. Eine Suggestion *persönlicher* Unmittelbarkeit entsteht aber auch durch die *fortwährende direkte* Adressierung, die im Netz eine große Rolle spielt. Die Anziehungskraft der Formate verbindet sich mit starken Motiven, Sehnsüchten nach Anerkennung und Gesehenwerden, mit Ängsten vor Ablehnung und Übersehenwerden. Sie ist psychisch folgenreich umso mehr, als sich mit den Überlagerungen von Online und Offline auch Innen- und Außenwelten im Erleben verschieben können.

Verschiebungen von Außen- und Innenwelten

Das Offline-Geschehen wirkt oft auch emotional eher sekundär im Verhältnis zum Online-Geschehen. Das Sich-Verlieren im Netz gründet in dieser Verschiebung der Bedeutungen. Mit Effekten für das, was als Außenwelt empfunden wird:

> »Man ist ja oft viele Stunden am Tag am Handy und manchmal vergisst man, also wenn man jetzt zum Beispiel durch die Gruppen scrollt oder was gepostet wurde, man schaltet irgendwie die ganze Außenwelt ab [...] also man lebt mehr online als offline« (Miriam).

Online wäre demnach Innenwelt. Und die Offline-Außenwelt kann überdies eben zum Material für die Online-Innenwelt werden, für das Posten, Miriam beschreibt es gar als Druck:

> »Ich hatte immer irgendwie vielleicht auch so unterbewusst, ich merk's vielleicht gar nicht, dass ich unterbewusst eventuell den Druck hatte, dass ich irgendwas Gutes zum Posten brauch [...]. Ich bin ins Café gegangen, Handy mitgenommen, um ein Foto vom Café zu machen, keine Ahnung, auch so von dem, was ich gegessen oder getrunken hab. [...] es gab ne Zeit, wo ich wirklich mich sehr davon beeinflusst hab, dass ich irgendwie irgendwas poste und unbedingt Kommentare haben will – und dass ich da irgendwie das Leben nicht mehr so gelebt habe«.

Die Relationen und Bedeutungen von außen und innen können sich über die ständige, auch leiblich spürbare ununterbrochene Verbundenheit mit und im digitalen Medium der Vernetzung verschieben: Offline-Außenwelt und Online-Welt erscheinen teils fragmentiert, während psychische Innenwelt und Online-Welt teils verschmelzen. Und wenn als außen nur gilt, was offline stattfindet, passiert es auch schneller, irgendeinem Impuls folgend etwas in die so nah oder gar intim erlebte Social-Media-Öffentlichkeit einzugeben – und dabei auch viele persönliche Daten zu hinterlassen.[22]

Die inneren Bilder und Differenzierungen von Selbst und Objekten wandeln sich und damit potenziell auch Perspektivierungen und Grundlagen für Mentalisierung. Der Charakter des Denkens als Probehandeln kann sich verändern,[23] aber auch die Bedingungen und For-

---

22 Zuboff S (2018)
23 Graham R (2013)

men der Affektregulation: Beispielsweise wenn Selbstwertempfinden »eben mal kurz« über Postings in der Hoffnung auf Likes oder Follower zu regulieren versucht wird, wenn Scham aufgrund schlechter Werte durch noch mehr Anstrengungen kompensiert werden soll. Dann sind Auge, Finger und Medium ganz nah affektiv verbunden und involviert, sind digitale Praxis, Affekt und Leib oft in unabschließbaren Zirkeln von Verbesserungsversuchen und Scheitern zusammengeschmiedet. Durch die enge Verschmelzung von Sehen, Fühlen, Klicken entsteht eine neue Art von Binnenraum, gar als intimer Kern des Eigenen oder naher Beziehungen erlebbar, zugleich aber digital öffentlich.

Social-Media-Aufmerksamkeit kann dabei auch verfolgende Eigenschaften bekommen. Und zwar nicht nur wegen leidvoller Erfahrungen, wenn diese präsentierte Nähe ausgenutzt wird, oder durch Mobbing. Sondern, weil es sich bei Social Media auch oft um etwas zu handeln scheint, das immer bedient werden muss. Jugendliche bringen entsprechende Ambivalenzen zum Ausdruck, etwa eigene Ängste vor Abhängigkeit, darauf bezogene Scham[24] – aber auch die erheblichen sozialen Zwänge dabeizubleiben, sich gut darzustellen, Aufmerksamkeit zu erzeugen. Sie schaffen eine enorme Bindekraft.

Ringen um Aufmerksamkeit als ambivalente Bindekraft

So zeigte sich auch in unseren Interviews, dass bereits Jugendliche ihre Selbstdarstellungen in Social Media vielfach mit der Akribie eines Unternehmers pflegen und bilanzieren, der täglich neu seine Renditen evaluiert. Zu beobachten, *»wie viele Likes du kriegst halt« (Tom)*, kann eine der Hauptbeschäftigungen werden. Denn für viele gilt, was Clarissa über ihr Posten sagt: »*Ich will nicht sagen, dass ich likegeil bin, aber irgendwie poste ich ja schon irgendwie, um ein gewisses Ziel zu erreichen*«. Sehnsüchte nach Anerkennung, Ängste vor Ausschluss oder Lust an Selbstpräsentation bringen sich gleichsam handlungspraktisch in ›unternehmerischen‹, überdies in Messzahlen gefassten (Rendite-)Orientierun-

---

24 King V (2017)

gen zum Ausdruck. Wenn etwa genau gecheckt wird, was wie ankommt. Viele befassen sich damit, durch welche Hashtags oder Allianzen es gelingen könnte, die Anzahl der *Likes* zu optimieren. Etwa durch die Zeitpunkte oder neue Formen des Postens, die Aufmerksamkeit steigern sollen.

Übergreifend tritt die Faszination hervor, die Lust sich zu zeigen und mit anderen zu vergleichen, während aber die Fragilität vielfach spürbar wird, der Selbstzweifel. Der Druck wird darüber verstärkt, dass – wie es viele darstellen – vor allem die *Anderen* ständig ihre Darstellung zu optimieren scheinen: »*Ich kenn genug Menschen, die [...] da ständig mit irgend nem Weichzeichner auf ihren Gesicht rumfahren und, ja, macht man halt, um die Illusion zu bewahren vom perfekten Ich.*« Die Beschäftigung damit, wie man es richtig oder besser macht, nimmt insofern viel Raum ein. Zugleich gibt es eine Art *doppelter Scham*; einmal, wenn die Werte schlecht sind, aber auch Scham über die ausgeprägte Selbstwert-Abhängigkeit von diesen Praktiken. Zumal wenn es um die Produktion von Schein in Social Media geht. Aus der damit verbundenen Selbstentfremdung und Unsicherheit erwachsen neue Bedürftigkeiten und Druck. Denn auch der Erfolg, die hohen Like-Zahlen sind keine klare Zustimmung, wenn immer wieder geschönt wurde. Aus solcher Unsicherheit kann eine umso stärkere Bindung an die Social-Media-Praxis entstehen, bei der immer wieder der eigene Status geprüft und verbessert werden muss. Und eine wichtige Kunst, die Jugendliche dabei lernen, um Scham zu vermeiden, liegt darin, irgendwie *mithalten* zu können, hier und da *hervorzustechen aus der Masse*, sich aber auch im richtigen Moment und Kontext zu *verbergen* zu wissen.

Die kulturelle Matrix des Vergleichs – digitale Praktiken Erwachsener

Solche Konstellationen finden sich nicht nur bei Adoleszenten, auch wenn Heranwachsende besonders empfänglich sind und nachhaltiger durch sie geprägt werden. Bei Erwachsenen geht es um andere Inhalte, andere Vergleichshorizonte, teils andere Formen und, je nach Milieu, expliziter geäußerte Ambivalenzen. Aber auch sie werden vielfach affiziert. Dazu eine typische Äußerung von Herrn Stern (Ende 30), aus der erwähnten Studie »Das vermessene Leben« über sein Posten in Social Media, zu dem es ihn drängt, obwohl es zugleich deprimiert:[25]

> »*Ja, also ich seh's an Instagram [...] dort sieht man ja die genaue Anzahl an Followern und an Likes [...] das ist halt so der absolut direkte Vergleich und ähm seh ich dann, fühl ich mich äh auch nicht gut [...]. Auch auf YouTube [...] und man sieht ähm, andere bekommen viel mehr [...] Ja dann – äh ist auf jeden Fall wie gesagt demotivierend [...]. Auf der andern Seite is‹ es so vielleicht n Ansporn dann, mehr zu machen – ahm mehr zu trainieren, mehr Geld zu verdienen [...], also es gibt viele Blender auch äh Online, aber das ist halt gleich der erste Eindruck: Man sieht ähm gute Fotos, Anzahl der Follower, man sieht auch die tägliche Aktivität – wie viel Spaß hat ein Anderer im Leben – ich vergleich mich, äh ich sitz hier im Büro, 'n langweiliger Job [...] Anstatt jetzt irgendwie ähm seine seine absolute Leidenschaft zum Beruf gemacht zu haben hm? sitzt man hier so – ja – nicht so gut – nicht so toll, ja.*

Auch hier dominiert der Vergleich mit *anderen*, von denen immer jemand besser ist – in Verbindung mit Optimierungsdruck im Wettbewerb um Anerkennung, Status, Aufmerksamkeit. Und indem digitale Messergebnisse (seien es Likes, Absatz- oder Followerzahlen, Leistungspunkte) kontinuierlich erhoben und für Andere sichtbar werden, entsteht eine neue kulturelle Matrix des permanenten Abgleichs und Konkurrierens. Je nach Milieu und Tätigkeit gibt es unterschiedliche Referenzrahmen, die sich auch immer wieder ändern: etwa relativ neu in der Politik, die Follower in Twitter, für viele Bereiche und Berufe die Likes und Klicks in verschiedenen Kontexten und Social-Media-Varianten, die Follower und Nutzerzahlen in wissenschaftlichen Portalen usw. Eine entsprechende Rolle spielen dabei auch die kommunikativen und beruflichen Erwartungen, in digitalen Medien präsent, aktiv und erreichbar zu sein.

---

25 Vgl. auch King V et al. (2021c)

»Mami, leg doch mal Dein Handy weg«

Diese Sogkraft und starke Zuwendung zu digitalen Praktiken hat offenkundige Kehrseiten: Komplementär zur Online-Präsenz sinkt die Aufmerksamkeit für leiblich Anwesende, verändert sich der Umgang mit ihnen. Nicht erst seit Corona wird Face-to-face-Kommunikation teils ergänzt, teils überlagert oder ersetzt durch »digitale« Kommunikation, wodurch insgesamt Beziehungen anders gestaltet werden – mit Folgen für soziales Lernen, für Empathie und aufmerksame Bezogenheit.[26] Aufmerksamkeit ist eine Basis der Einfühlung. Von Bedeutung ist daher Aufmerksamkeitsfähigkeit auch für eine gelingende Eltern-Kind-Interaktion und produktive Entwicklung. Die psychische Haltung und Fähigkeit etwa einer Mutter oder eines Vaters, die oder der die Affekte des Kindes wahrnimmt, in sich aufnimmt und moduliert, *contained*, basiert auf einer den Empfindungen des Kindes zugewandten Aufmerksamkeit. Im Kontrast dazu stehen etwa Konstellationen reduzierter elterlicher Empfänglichkeit: Z. B. mag, wie Andre Green[27] hervorhob, eine depressive Bezugsperson physisch präsent sein und zugleich psychisch abwesend. Bei diesem gleichzeitigen Da- und Nicht-da-sein handelt es sich daher um eine andere Form der Abwesenheit als diejenige, die Symbolbildung anregt.

Mögliche digitale Absorbiertheit der Eltern in primären Mutter-Kind- oder Vater-Kind-Beziehungen kann praktisch etwa mit den Erwartungen an rasche Erreichbarkeit zu tun haben, die sich oft aus einem subjektiv schwer trennbaren Amalgam von arbeitsbezogenen Pflichten und Wünschen ergibt. Relevanzen können sich dabei unmerklich verschieben. Auch normativ ist es selbstverständlicher geworden, etwa die Arbeit und das Beisammensein mit dem Kind zu parallelisieren. Eine Mutter[28] erzählt, wie sie ihre Tochter während der ersten Jahre noch erfolgreich habe ablenken können, so dass sie im Beisein des Babys ungestört an PC oder Smartphone gearbeitet und kommuniziert habe. Jetzt, im Alter von drei Jahren, sage die Tochter immer wieder, »*Mami leg*

---

26 Vgl. auch Fuchs T (2020), Turkle S (2019)
27 Green A (1993)
28 Aus der APAS- Studie, vgl. King V et al. (2021d)

doch mal Dein Handy weg«, was die Mutter vor allem begrüßt, weil sie dadurch, wie sie betont, ihre eigenen Entspannungszeiten reguliere. Jenseits der normativen Bewertungen scheint die Typik der Szene bedeutsam: Wenn sich das Interesse, der Glanz im Auge der Mutter (um Kohuts[29] Metapher zu benutzen), fortwährend auf das Smartphone richtet, entsteht eine Dreieckssituation besonderer Art. Das Kind konkurriert dann mit dem Gerät um die Aufmerksamkeit der Mutter oder es konkurriert mit der Mutter um das libidinös besetzte Objekt, also um das, was sich darin verbirgt. Die Implikationen und möglichen Wirkungen dieser neuen Urszenen lassen sich hier nur andeuten.

Wobei zu betonen ist: Frustration, die daraus resultiert, dass die Mutter mit anderem beschäftigt ist, kann selbstverständlich auch produktiv integriert werden – vorausgesetzt, es gibt eine ausreichend sichere Basis. Fehlt diese jedoch, weil es kaum je ein Erleben ungeteilter Aufmerksamkeit im Sinne einer eindeutigen Empfänglichkeit gegeben hat, wird es schwierig. Dann kann gleichsam eine Lücke »im Gefüge der an die mütterliche Imago gebundenen Objektbeziehungen«[30] entstehen, die die Fähigkeit zum Alleinsein im Sinne Winnicotts[31] gerade verhindert.

Als eine mögliche Folge kann die Zuwendung des Anderen dann umso mehr dort gesucht werden, wo oder wovon das Interesse der Mutter oder des Vaters so stark gebannt wird: nämlich im Netz. Zumal nun wiederum Social Media hohe »Aufmerksamkeit für die einzelne Person« zu bieten scheint:[32] scheinbar direkt an die einzelne Person gerichtet, während diese (offline) in Konkurrenz steht mit den vielen, die medial ganz nah zu sein scheinen. Mitunter fühlen sich digitale Angebote scheinbar »stärker ›in unsere Bedürfnisse‹ ein, als es der [...] zugewandteste Erwachsene wohl jemals tun könnte«.[33] Die Anfälligkeit für solch suggestive Aufmerksamkeit oder für Pseudo-Verbindungen dürfte mit dem Grad der Bedürftigkeit ansteigen, die aus unsicheren, etwa stets fragmentierten Interaktionen resultiert. Auf der anderen Seite können

---

29 Kohut H (1973 [1971])
30 Green A (1993), S. 215
31 Winnicott D (1956)
32 Fonagy P (2016), S. 15
33 ebenda, S. 14

psychische Bedrängnisse im Kontakt zu anderen im beschriebenen Sinne »dissoziativ« abgewehrt werden durch einen stets einfach möglichen Griff nach dem Smartphone in leiblicher Präsenzbeziehung – durch einen zunehmend als selbstverständlich angesehenen raschen Wechsel der Register zwischen Online- und Offline-Bezugnahmen.

Fazit

Wie sehr auch soziale Beziehungen von Digitalisierung profitieren, muss kaum betont werden. Fast alle nutzen sie, mit unterschiedlicher Intensität, vielfach mit großem Gewinn. Wir leben und arbeiten und kommunizieren damit. Und wer unterwegs ist, möchte Nähe in der Ferne herstellen können, wer zuhause ist, auch Entferntes erreichen. Wie die Coronapandemie, auch in Beziehungen, ohne Digitalisierung überstanden worden wäre und würde, mag man sich nicht vorstellen. Digitale Möglichkeiten haben vieles gerettet, die Fortführung von Verbundenheit ermöglicht und damit noch deutlicher existenzielle Bedeutung bekommen. Digitale Verbundenheit aus der Distanz erscheint teils aber auch wie ein nicht immer genügendes Bindemittel, wenn die sinnliche Erfahrung der Zwischenleiblichkeit fehlt. Dies ist in der Coronakrise ebenfalls spürbar geworden.

Auch jenseits der Pandemie erzeugt Digitalisierung strukturell neue Konstellationen von Bezogen- und Getrenntsein. Fragmentierungen resultieren, wie betont wurde, aus paralleler medialer Involviertheit. Die Überlappungen von Familien- und Arbeitszeiten haben sich weiter gesteigert (und noch mehr in der Coronapandemie), mit veränderten Bedeutungen von Präsenz und Absenz, wodurch immer wieder ausgehandelt und gelernt werden muss, was wo hingehört, wann abzuschalten ist usw. Daraus, dass immer mehr vernetzt wird, entsteht die Herausforderung, über Verbundenheit zu entscheiden und Getrenntheit aktiv herstellen zu können. Technische Verknüpfung kann Verbindung suggerieren, wo gar keine ist oder besser keine wäre. Oder sie kann die Verführung beinhalten, über technische Verbindung eine emotionale Isolation zu überspielen. Psychisch folgenreich ist dabei in jedem Fall die Tendenz zur Omnipräsenz der digitalen Kommunikationsweisen, die jederzeit in die Intimität hineinreichen kann. Und auf die, bei aller potenziellen Bedrängnis, kaum jemand mehr verzichten möchte.

Digitale Formate verändern Beziehungsgestaltungen insofern mit produktiven Potenzialen. Zugleich verändern sich Perzeptionen von Raum und Zeit, An- und Abwesenheit, Nähe und Distanz und damit auch Grundlagen für Symbolisierung. Intrapsychisch verschieben sich, so wurde betont, durch digitale Formate Wahrnehmungen der Innen- und Außenwelt. Diese Verschiebungen werden teils erzeugt, teils intensiviert durch die enorme assoziierende Bindekraft der digitalen Kommunikationen, durch die digital verstärkte Optimierungslogik und die im Zuge dessen erzeugten Fragilitäten und Abhängigkeiten vom Blick des Anderen im Netz, durch den immens vergrößerten Horizont des Vergleichs.

Zum andern verändern sich nicht nur im inneren Erleben, sondern auch in der äußeren kommunikativen digitalen Praxis die Beziehungsregulationen, die wiederum produktiv oder defensiv verwendet werden können. In gewissem Sinne beruht ein Erfolg des Digitalen, so könnte man es zuspitzen, gerade auch darauf: Digitale Medien erschaffen assoziierende Angebote, nämlich zum einen jederzeit Getrenntheit überbrücken (oder defensiv unterlaufen) zu können – und zum anderen dissoziierende Angebote, nämlich jederzeit die Bezugsebene parallelisieren, die jeweiligen Beziehungskontexte wechseln zu können. Dies sind teils praktische Vorteile, die alle ständig nutzen. Gerade Jugendliche, aber nicht nur sie, sind virtuose Meister im Registerwechsel.

Die digitalen Möglichkeiten begünstigen oder bedienen aber auch defensive Mechanismen: Etwa digital-medial verstärkte Formen der Abwehr von Verbindungen oder der Trennungsvermeidung, wie eingangs am Beispiel von Saskia Jahn veranschaulicht wurde. Nicht zuletzt fällt im Kontext solch neuer Formen der »Nicht- und Allverbundenheit« häufig die Diskrepanz auf zwischen dem Wunsch, selbst für jemand anderen *unersetzlich bedeutsam* zu sein, und der gleichzeitigen schlichten *Ersetzbarkeit* und instrumentellen Reduktion der anderen, etwa auf eine Art Kundschaft, eine Konsumbeziehung oder anonymes Gefolge. In einer weiteren typischen Wendung bemisst sich an deren Zahl und Klicks umso mehr die eigene Relevanz. Gemessene Zahlen werden zu einem in etlichen Hinsichten zwar bedeutungsarmen, aber zugleich hochgradig besetzten und überdeterminierten Gradmesser für Wert und Entwicklung. Saskia Jahn verknüpft sie in diesem Sinne mit Kleinsein oder Größerwerden: »*Hatte dann jetz im letzten halben Jahr plötzlich 1.000 Follower mehr, also ich bin immer noch unter 5.000, also ich bin immer noch ganz klein, aber ich merke, dass es wächst*«, so die Bilanz ihrer Entwicklung und digitalen Beziehungen in der Coronazeit.

Literatur

Alter A (2017) Unwiderstehlich. Der Aufstieg suchterzeugender Technologien und das Geschäft mit unserer Abhängigkeit. Berlin: Berlin Verlag.
Baecker D (2018) 4.0 oder die Lücke, die der Rechner lässt. Berlin: Merve Verlag.
Bollas C (2000 [1992]) Genese der Persönlichkeit. Psychoanalyse und Selbsterfahrung. Übers. Flickinger B. Stuttgart: Klett-Cotta.
Diamond M (2020) Return of the Repressed. Revisiting Dissociation and the Psychoanalysis of the Traumatized Mind. JAPA 68/5, 839–874.
DIVSI U25 Studie (2018) Euphorie war gestern. Die Generation Internet zwischen Glück und Abhängigkeit. Zugriff am 20.05.2021 unter www.divsi.de
Fonagy P (2016). Vorwort. In: Lemma A, Caparrotta Lemma A, Caparrotta L (Hrsg.) Psychoanalyse im Cyberspace? Psychotherapie im digitalen Zeitalter. Übers. M. Noll (S. 9–7). Frankfurt a. M.: Brandes & Apsel.
Fuchs T. (2020) Verteidigung des Menschen. Berlin: Suhrkamp.
Gerisch B, Salfeld B, King V (2018) »Ich will's halt allen immer recht machen« – Zur Reziprozität von erschöpften Subjekten und angegriffenen Institutionen. Wirtschaftspsychologie, Jg. 19, H. 4, 5–13.
Graham R (2013) The perception of digital objects and their impact on development. Psychoanal Psychother 27, 269–279.
Green A (1993) Die tote Mutter. Psyche – Z Psychoanal 47, 205–240.
Initiative D21 e. V. (Hrsg.) (2021) D21-Digital-Index 2020/2021. Jährliches Lagebild zur Digitalen Gesellschaft. Berlin: Druckhaus Sportflieger.
King V (2016) »If you show your real face, you'll lose 10 000 followers« – The gaze of the other and transformations of shame in digitalized relationships. CM: Communication and Media, 11, 38.
King V (2018) Geteilte Aufmerksamkeit. Kultureller Wandel und psychische Entwicklung in Zeiten der Digitalisierung. Psyche – Z Psychoanal 72, 640–665.
King V, Gerisch B, Rosa H (Hrsg.) (2021a) Lost in Perfection. Zur Optimierung von Gesellschaft und Psyche. Berlin: Suhrkamp.
King V, Gerisch B, Rosa H, Schreiber J, Findeis, C, Lindner D, Salfeld B, Schlichting M, Stenger M, Voigt S (2021b) Optimieren mit Zahlen und digitalen Pa-

rametern. In: King V, Gerisch H, Rosa H (Hrsg.) Lost in Perfection., Berlin, Suhrkamp, 151–177.

King V, Gerisch B, Schreiber J, Lindner D, Lodtka P, Schlichting M, Stenger M (2021c) Zum Sinn der Zahl in digitalen Lebens- und Arbeitswelten. Ambivalente Bedeutungen des Messens und Vergleichens. In: Schnell C, Pfeiffer S, Hardenberg R (Hrsg.) Gutes Arbeiten im digitalen Zeitalter. Frankfurt a. M.: Campus.

King V, Gerisch B, Schreiber J, Uhlendorf N (2021d) »Da habe ich eben Besseres vor«: Wie sich Effizienz- und Optimierungsimperative auf Beziehungen sowie Sorge für sich und andere auswirken. In: King V, Gerisch B, Rosa H. (Hrsg.), Lost in Perfection. Berlin, Suhrkamp, 101–121.

Kohut H (1973 [1971]) Narzißmus. Eine Theorie der psychoanalytischen Behandlung narzißtischer Persönlichkeitsstörungen. Frankfurt a. M.: Suhrkamp.

Löchel E (2019) »Sprache des Abwesenden«. Psychoanalytische Reflexionen zum Subjekt des digitalen Zeitalters. Psyche – Z Psychoanal 72, 698–725.

MPFS (2020a) KIM-Studie 2020. Kindheit, Internet, Medien. Basisuntersuchung zum Medienumgang 6-13-Jähriger. Zugriff am 01.10.2021 unter https://www.mpfs.de/fileadmin/files/Studien/KIM/2020/KIM-Studie2020_WEB_final.pdf

MPFS (2020b) JIM-Studie 2020. Jugend, Information, Medien. Basisuntersuchung zum Medienumgang 12-19-Jähriger. Zugriff am 01.10.2021 unter https://www.mpfs.de/fileadmin/files/Studien/JIM/2020/JIM-Studie-2020_Web_final.pdf

Nassehi A (2019) Muster. Theorie der digitalen Gesellschaft. München: Beck.

Rosa H, Lindner D, Oberthür J (2021) Missing Link. Wie Organisationen die Imperative dynamischer Stabilisierung und das individuelle Streben nach Selbstoptimierung zur Passung bringen. In: King V, Gerisch B, Rosa H (Hrsg.) Lost in Perfection. Zur Optimierung von Gesellschaft und Psyche. Berlin, Suhrkamp, 62–79.

Turkle S (2019) Empathie-Maschinen. Der vergessene Körper. Psyche – Z Psychoanal 73, 2019, 726–743.

Wajcman J (2021) Fitter, glücklicher, produktiver: Zeitliche Optimierung mittels Technologie. In: King V, Gerisch B, Rosa H (Hrsg.) Lost in Perfection. Zur Optimierung von Gesellschaft und Psyche. Berlin, Suhrkamp, 83–100.

Weiß H (2017) Trauma, Schuldgefühl und Wiedergutmachung. Wie Affekte innere Entwicklung ermöglichen. Stuttgart: Klett-Cotta.

Winnicott D (1956) Über die Fähigkeit, allein zu sein. Psyche – Z Psychoanal 12, 344–352.

Zuboff S (2018) Das Zeitalter des Überwachungskapitalismus. Frankfurt a. M.: Campus.

Autonomie und Einsamkeit

Alice Holzhey-Kunz

Gibt es eine spezifisch moderne Einsamkeit?

Darüber, ob Menschen in der westlichen Moderne häufiger und auch stärker an Einsamkeit leiden als früher und als in anderen Kulturen, lassen sich nur Vermutungen anstellen. Anders steht es um die Frage, ob im Zeitalter der Moderne auch eine neue Art von Einsamkeit aufgetaucht ist, die es früher und anderswo nicht gab, die aber seit Beginn des 19. Jahrhunderts zu unserer westlichen Kultur gehört. Das führt zugleich zur nächsten Frage, was diese neue Art von Einsamkeit erzeugt, womit auch schon der Begriff der »Autonomie«« ins Spiel kommt.

Der moderne westliche Nationalstaat besteht aus Bürgern, denen nicht nur die Gleichheit vor dem Gesetz zuerkannt ist, sondern auch das Recht auf Autonomie. Das bedeutet, dass jeder einzelne Bürger neu in die Freiheit entlassen ist, sein eigenes Leben *selbstbestimmt* zu führen.

Autonomie heißt übersetzt Selbstgesetzgebung und damit Selbstbestimmung. Während in der griechischen Antike nur Kollektive, genauer die Stadtstaaten, allen voran Athen, für sich Autonomie beanspruchen konnten, wird Autonomie in der Moderne hauptsächlich aufs Individuum bezogen. Damit ist der früher rein politische Begriff der Autonomie weitgehend durch den Begriff der persönlichen Autonomie des einzelnen Individuums abgelöst worden.

Wenn es eine spezifisch moderne Einsamkeit gibt, dann – so die naheliegende Vermutung – muss sie mit der radikal neuen Situation zu tun haben, in der sich die modernen Bürger seit 1800 befinden. Radikal neu ist nämlich, dass nun jeder ein primär ganz auf sich selbst gestellter

»Einzelner« ist, der *frei* ist, sein Leben selbst zu gestalten, für sein Leben aber auch selbst *verantwortlich* ist.

Meine Vorlesung will dafür argumentieren, dass zur modernen Autonomie des Individuums eine spezifische Einsamkeit gehört, und zwar nicht nur als ein ab und zu auftretender Kollateralschaden, sondern als die Kehrseite der in der westlichen Moderne jedermann zugestandenen persönlichen Freiheit.

Es ist mir wichtig, in dieser Vorlesung historische Überlegungen mit philosophischem Nachdenken zu verbinden. Mittels der historischen Perspektive soll die riesige Kluft bewusst gemacht werden, welche den westlich-modernen Menschen seit Beginn des 19. Jahrhunderts nicht nur von der frühen Neuzeit und noch mehr vom Mittelalter trennt, sondern genauso von jenen heutigen Kulturen, in denen Religion und Staat noch eine Einheit bilden. Um Grundbegriffe wie Freiheit und Individuum zu klären, beziehe ich mich bewusst auf die *Existenzphilosophie*. Nur sie teilt nämlich mit der liberalen Weltanschauung die Auffassung, dass die persönliche Freiheit keine Erfindung der Moderne darstellt, sondern für das menschliche Existieren als solches konstitutiv ist, ohne zugleich deren einseitig positive Wertung der Freiheit zu teilen. Das zeigt schon der Satz von Jean-Paul Sartre, wir Menschen seien »dazu verurteilt, frei zu sein«.[1] Der große französische Existenzphilosoph spielt damit auf jene Last an, welche die Freiheit dem Menschen auferlegt. Diese als erster herausgestellt zu haben ist das Verdienst von Sören Kierkegaard in der Mitte des 19. Jahrhunderts. Seine existenzphilosophischen Überlegungen zur menschlichen Freiheit vermögen erst verständlich zu machen, warum so viele Menschen auch heute ein zutiefst gespaltenes Verhaltnis zur Freiheit haben.

---

1 Sartre JP (1943/1993) S. 950

Was hat Vorrang: Die Identität des Einzelnen oder die Identität der Gruppe?

Die Priorität des »Wir« am zeitlichen Anfang

Kein Mensch ist am Beginn seines Lebens allein überlebensfähig, jeder ist während seiner frühen Kindheit auf eine ihn physisch und psychisch haltende und pflegende Umwelt angewiesen. Die individuellen Unterschiede betreffen immer nur das jeweilige »Wie«, also die Frage, ob die engsten Bezugspersonen gut genug waren, um die Reifung und Entwicklung des Babys zu fördern, statt zu behindern.

Dasselbe trifft wohl ebenso für den Anfang der Menschheitsgeschichte zu. Auch wenn wir diesbezüglich auf Hypothesen angewiesen sind, so scheint es doch plausibel, dass nur die Zugehörigkeit zu einem engen Gruppenverband es den ersten Menschen ermöglichte, in einer übermächtigen Natur zu überleben.

Das Erwachen des »Ich« im Mythos von Adam und Eva

Das Alte Testament weiß noch von einem anderen Anfang des Menschen, erzählt er doch davon, wie der Mensch durch das Essen vom Baum der Erkenntnis seine Unschuld verlor und damit erst zum Menschen wurde. Der Mythos beginnt mit dem Bericht, wonach Gott für Adam eine Gefährtin erschaffen habe, weil es »nicht gut« sei, »dass der Mensch [Adam] allein sei.« Von da ab bilden Adam und Eva ein Paar, und es wird eigens betont, dass beide »nackt« waren und »sich nicht schämten.« Der große Bruch erfolgte, als sich zuerst Eva, dann auch Adam verführen ließ, vom verbotenen »Baum der Erkenntnis« zu essen. Was jetzt geschah, ist sehr poetisch formuliert: »Da gingen den beiden die Augen auf und sie wurden gewahr, dass sie nackt waren.« Die neu gewonnene Erkenntnis betrifft also ihre eigene Nacktheit. Das löst bei beiden jenes menschliche Grundgefühl aus, das sie vorher so wenig gekannt hatten wie Angst oder Schuld: die *Scham*. Und damit taucht auch der Wunsch auf, sich zu bekleiden, um das unerträgliche Schamgefühl wieder los zu werden.[2]

Die bloße Nacherzählung enthüllt aber noch nicht den Sinn dieses Mythos. Versuchen wir uns also klar zu werden, worin die neue Erkenntnis besteht, die Adam und Eva gemacht haben. Ist es die Erkenntnis der sexuellen Differenz? Gewiss auch, aber grundlegender erscheint mir die Wahrnehmung, überhaupt ein Einzelner zu sein, sowohl getrennt wie auch verschieden vom Partner. Adam und Eva realisieren unversehens, dass sie keine Einheit bilden, somit nicht als ein *Wir-Selbst* durchs Leben gehen, sondern als zwei *Menschen*, nämlich Adam *und* Eva, die zusammen faktisch, aber nicht notwendig, ein Paar bilden. Damit ist das *Ich-Bewusstsein* geboren, denn von jetzt an erfahren sich beide immer auch je für sich selbst – wir können auch sagen: je *für sich allein* – als *ein Ich-Selbst*. Aufgrund dieser Erkenntnis des je eigenen Ich- oder Selbstseins sind Adam und Eva erst im strengen Sinne »*Menschen*« geworden. Zum Menschsein gehört es, den paradiesischen Urzustand, in welchem es weder Angst, Schuld noch Scham gab, für immer verloren zu haben.

Die Scham als ursprüngliche Selbsterfahrung

Es ist gerade auch für das Verständnis der modernen Autonomie wichtig, dass gemäß diesem Mythos die Erfahrung der Menschwerdung identisch ist mit dem Auftauchen der Scham. In der Scham wird jeder emotional auf sich selbst zurückgeworfen als dieser Einzelne. Diese Scham aber wird erzeugt durch die Erfahrung, dem Blick des Anderen unfreiwillig und zugleich schutzlos ausgesetzt zu sein. In der Scham erfährt jeder das Paradox, einerseits ein *soziales Wesen* zu sein, das immer irgendwie *mit* anderen Menschen verbunden ist, andererseits selber unausweichlich im Blick des Anderen zu stehen und dadurch seine eigene Vereinzelung zu erfahren, die durch kein noch so enges Mit-sein aufgehoben werden kann.

Wir verdanken *Jean-Paul Sartre* eine großartige philosophische Analyse des »Blicks des Anderen«, in der er zeigt, dass sich uns dessen *Freiheit* immer entzieht, so sehr wir auch versuchen mögen, seinen Blick in Fes-

---

2 Zürcher Bibel (1954), 1. Mose 2.18; 2.25; 3.7

seln zu legen. Der Andere – mag er auch ein enger Freund oder der Geliebte oder das eigene Kind sein – bleibt grundsätzlich frei, mich von seinem ganz eigenen Standort und damit aus seiner ganz eigenen Perspektive anzublicken und zu beurteilen. Dieser Freiheit des Anderen gegenüber ist jeder primär ohnmächtig, und genau deshalb ist der Blick des Anderen so bedrohlich.

Von Sartre können wir zudem lernen, dass die eigene Scham immer nur oberflächlich durch eigene (sichtbare) Mängel ausgelöst wird, die man gerne vor anderen verbergen möchte, aber nicht kann. Dahinter und darunter steckt die eigentlich beschämende Erfahrung, dem freien Blick des Anderen nolens volens ausgesetzt zu sein, ohne selber jemals mit Sicherheit wissen zu können, »*wie ich dem Anderen erscheine*«, also wie ich *von ihm* gesehen und gewertet werde.[3]

Mit dem Beginn der Moderne erhält der Blick des Anderen nicht nur ein besonderes Gewicht, sondern entfaltet auch neu ein Paradox. Dieses besteht darin, dass wir den Blick des Anderen ebenso begehren, um uns nicht allein fühlen zu müssen, wie wir ihn auch vermeiden möchten, weil wir fürchten, dass er zu viel von uns weiß, uns besser kennt als wir uns selbst.

Liberté et Égalité: Der moderne Einzelne als »Bürger«

In den folgenden drei Absätzen mischen sich grundsätzliche Gedanken zur Autonomie mit historischen Überlegungen, die uns daran erinnern sollen, wie revolutionär vor gut 200 Jahren war, was für uns heute längst selbstverständlich ist.

In der vormodern-feudalistischen Zeit gehörte noch jedes Individuum einem bestimmten sozialen Stand an, und zwar zeitlebens, ohne die Chance, daran selber etwas verändern zu können. Die eigene *indi-*

---

3 Sartre JP (1943/1993), S. 406

viduelle Identität war deshalb belanglos im Vergleich zur *kollektiven Identität*, die jedem aufgrund seiner Standeszugehörigkeit eigen war. Jedermann war vormodern durch die je eigene Herkunft entweder ein Leibeigener oder ein freier Bauer, ein Angehöriger einer städtischen Handwerkszunft oder aber ein Adliger, ein Ritter oder ein Kleriker niedrigeren oder höheren Ranges, und darin bestand im Wesentlichen die eigene Identität, sowohl in den Augen der anderen wie für einen selbst.

Diese ständische Sozialordnung ging in der französischen Revolution unter, was den Einzelnen (am ausgeprägtesten vorerst die Männer) in eine radikal neue, noch nie dagewesene Situation katapultierte. Ob die eigene Familie oder Sippe bisher dem untersten oder dem obersten Stand zugehört hatte: Im modernen Nationalstaat, der den Feudalstaat ablöst, gilt jeder als ein freier Bürger (ein *Citoyen*), der vor dem Gesetz *die gleichen Rechte und Pflichten* hat wie alle anderen auch.

»Autonomie« als Grundwort der Moderne

In der Moderne wird der Einzelne buchstäblich zu sich selbst befreit. Machen wir uns zuerst klar, dass diese Befreiung immer zweierlei bedeutet, nämlich *negativ* die Befreiung *aus* bisherigen Bindungen und *positiv* die Befreiung, die ich hier bewusst als Befreiung zu sich selbst bezeichne. Worin die positive Freiheit besteht, lässt sich unmöglich generell sagen, weil sie immer nur das ist, was ein Einzelner aus der negativen Freiheit macht. Die positive Freiheit ist immer die ganz eigene Freiheit, die jedem Einzelnen überantwortet ist. Die liberale Weltanschauung geht von den beiden naiven Voraussetzungen aus, jeder wisse aus sich selbst heraus, wozu er die ihm geschenkte Freiheit nutzen wolle, wie auch, jeder glaube, der Aufgabe, autonom zu leben, gewachsen zu sein.

Zuerst einmal ist auch die positive Freiheit ein jedem Einzelnen vom Staate gewährtes Recht. Damit hat, gemäß liberaler Überzeugung, die Menschheit die höchste Stufe ihrer geschichtlichen Entwicklung erklommen. Das bedeutet, dass der Einzelne mit der Autonomie nicht nur ein neues Gut gewinnt, sondern das schlechthin höchste Gut, das ihm nach Jahrtausenden der Knechtschaft erlaubt, die menschliche Freiheit auch individuell zu verwirklichen. Daraus folgt die spezifisch »liberale« Verhältnisbestimmung von Staat und Bürger: Der Staat mischt sich nicht ins Leben der Bürger ein, solange diese gewisse Grundgesetze einhalten, er trägt aber auch keine Verantwortung für ihr persönliches Wohlergehen. In diesem Rückzug des Staates manifestiert sich auch schon das verborgene Problem der modernen Freiheit, bedeutet sie doch, als Einzelner in guten wie in schlechten Zeiten *auf sich selbst gestellt* zu sein. Wohl kann jeder auf Hilfe durch Familienmitglieder oder auch Freunde hoffen, aber ein gesetzlich verankertes Recht auf Unterstützung hat niemand. Zur individuellen Freiheit gehört untrennbar die individuelle *Selbstverantwortung*. Mag man die Freiheit auch mit einem gewissen Recht als das »höchste Gut« werten, so ist mit ihr doch unweigerlich das Schicksal ökonomischer und sozialer Ungewissheit verbunden.

Dass »jeder sich selbst der Nächste« ist, ist darum nicht als moralische Kritik, sondern im Gegenteil als positiv gewertete Feststellung und gar als Ermahnung zu hören: »In einer liberalen Wirtschaftsordnung darf, ja soll jeder sich selbst der Nächste sein, denn sonst geht er unter«. Dazu passt auch der Slogan »Hilf dir selbst, so hilft dir Gott«.

Die Angst vor dem eigenen Scheitern als Angst vor sozialer Beschämung

Es gehört zur modernen Autonomie, dass sie jedem übertragen wird, ohne dass er dazu Stellung nehmen kann. Nun kann man bekanntlich an jeder Aufgabe, die man anpackt, scheitern. Das gilt auch für die Aufgabe, sein Leben autonom zu führen. In der Moderne wird darum bald einmal eine neue Einteilung der Bürger gang und gäbe: in die Erfolgreichen hier, die Erfolglosen dort. Deshalb geht in der Moderne eine früher unbekannte Angst um: die Angst, an der Aufgabe autonomer Lebensführung zu scheitern. Zugleich ist jeder mit dieser Angst *allein*, zumal sie in einer liberalen Welt verpönt ist, gilt sie doch als Ausdruck von Schwäche bzw. von mangelndem Mut und gar von Feigheit.

Hier sind wir unvermittelt mit der erbarmungslosen Seite der modern-liberalen Weltanschauung samt ihrem allzu unkritischen Freiheitspathos konfrontiert. Die Angst vor dem eigenen Scheitern ist immer zugleich Angst vor sozialer Stigmatisierung. Ob man sagt, diese Angst verstärke die moderne Einsamkeit, oder umgekehrt, zur modernen Einsamkeit gehöre wesentlich diese soziale Status-Angst, kommt wohl aufs Gleiche heraus.

Die Abhängigkeit des eigenen Erfolgs von Vetternwirtschaft und Zufall

Napoleon hatte für die Soldaten seines Heeres die neu gewonnene Chancengerechtigkeit in der Formel eingefangen: »*Jeder trägt den Marschallstab im Tornister.*« Während vor der französischen Revolution der Rang des Marschalls nur Adligen vorbehalten war, konnte jetzt auch jeder einfache Soldat zum Marschall aufsteigen, *falls* er sich im Feld durch besonderen Mut oder besondere strategische Fähigkeiten auszeichnete. Dieselbe (Halb-)Wahrheit bringt, auf jedermann angewendet, der Spruch »*Jeder ist seines eigenen Glückes Schmied*« zum Ausdruck.

In beiden Sprüchen steckt viel Schönfärberei. Ich möchte hier nur auf das Moment des *Zufalls* hinweisen, und dabei das ebenso wichtige Moment der früher sogenannten *Vetternwirtschaft* beiseitelassen. Der Zufall hat seit der Wende zur Moderne eine neue Bedeutung erhalten. Gemäß einer zutreffenden Redewendung muss man sich, um Erfolg haben zu können, »im richtigen Moment am richtigen Ort befinden«, was weitgehend vom Zufall abhängt. Obwohl dies offensichtlich ist, bleiben Erfolg und Misserfolg bis heute einseitig personalisiert. Entsprechend werden die Erfolgreichen in den Medien unkritisch bejubelt und die Erfolglosen ebenso unkritisch als Versager hingestellt.

Ich-Autonomie und die neue Bedeutung der Arbeit als Ort der Selbstbestimmung

Der autonome Bürger als »Arbeiter«

Das moderne Motto »Freie Bahn dem Tüchtigen« zeigt an, dass die Arbeit seit dem Beginn der Moderne eine enorme Aufwertung erfahren hat. In einem weit gefassten Sinne ist nun jeder ein »Arbeiter«. An die Stelle des in die Antike zurückreichenden Ideals der Elite, ihr Leben der »Muße«« und der »Kontemplation« widmen zu können, ist das neue Ideal des aktiven, der Arbeit gewidmeten Lebens getreten. Statt von ererbten Ländereien und Pfründen hängt neu der Wohlstand vom eigenen, dank Arbeit gewonnenen Einkommen ab. Das setzt zwei Tugenden voraus, die ebenfalls erst in der Moderne den Arbeitsalltag prägen: ein *starker Wille* und *harte Selbstdisziplin*. Selbstredend gehört auch der *Fleiß* dazu, während die Faulheit zu einem vielgescholtenen Laster wird. »Ohne Fleiß kein Preis«: Wer auf der faulen Haut liegt, wird es zu nichts bringen. Hingegen hat jetzt auch der tüchtige und fleißige Tagelöhner die Chance, auf der sozialen Leiter aufzusteigen und es zu Reichtum und Ansehen zu bringen.

Darin liegt zweifellos ein Fortschritt: Der Ersatz geburtsbedingter Privilegien durch die prinzipielle Chancengleichheit führt am Arbeitsmarkt zu einer *Chancengerechtigkeit*, insofern nun für jedermann die Türe nach oben prinzipiell offensteht. Aus dieser Chancengerechtigkeit leitete sich die Herrschaftsform der *Meritokratie* ab, die sich bewusst gegen den Gleichheitsgedanken der Demokratie wendet. Sie plädiert dafür, dass nur jenen, die sich beruflich durch besondere Fähigkeit und Leistung ausgezeichnet haben, auch die wichtigen Machtpositionen im Staat zukommen sollten.

Der Arbeiter als Einzelkämpfer

Die liberale Wirtschaftsordnung basiert auf Leistung, Wettbewerb und Konkurrenz. Für den Einzelnen wird deshalb der Arbeitsplatz zu jenem

Ort, in dem er, auf sich selbst gestellt, sich im ständigen Wettkampf mit anderen messen muss. Die Stimmung ist deshalb *angespannt*, geht es doch für jeden darum, sich im Kampf zu bewähren. Wer viel Selbstvertrauen hat, mag zwar lustvoll in den Wettbewerb mit anderen einsteigen, doch auch hinter seinem positiv gestimmten Durchsetzungswillen steckt die Angst vor der immer drohenden eigenen Niederlage und sozialem Abstieg.

Wie es dem Einzelnen in einer solchen Arbeitswelt zumute ist, hat Friedrich Schiller in seinem berühmten »Lied von der Glocke« (entstanden 1799) knapp und doch überaus treffend ins Bild gesetzt:

»Der Mann muss hinaus ins feindliche Leben,
muss wirken und streben,
und pflanzen und schaffen,
erlisten und raffen,
muss wetten und wagen,
das Glück zu erjagen.«

Was die Arbeitswelt zu einem feindlichen Ort macht, ist nicht die Arbeit als solche, also nicht das »Pflanzen und Schaffen«, sondern der stete Druck, »erlisten und raffen, wetten und wagen«, das heißt im täglichen Kampf mithalten zu müssen. Weil alle sich als Glücksjäger verstehen, ist jeder des anderen Feind, was auch jeden zwingt, andere zu überlisten und selber waghalsige Wetten einzugehen.

Dass dieses Schicksal, sich in einer durch und durch feindlichen Welt behaupten zu müssen, nur dem »Mann« zufällt, ist zur Zeit Schillers noch selbstverständlich, ohne schon für ein Privileg gehalten zu werden, für den die Frau ihn zu beneiden hätte – eher im Gegenteil. Während der Mann sich täglich aufs Neue der feindlichen Welt aussetzen muss, bleibt die »Frau und Mutter« zuhause Ort und Garant von Schutz, Zugehörigkeit, Frieden und Geborgenheit. Dass sie dabei allerdings das Schicksal ihres Mannes teilen muss, und unter Umständen seinetwegen in schlimmste Armut fällt, ist auch hier die Kehrseite der Medaille.

Es kann uns nicht wundern, dass die *Scham*, der wir schon bei Adam und Eva begegnet sind, in der Moderne eine neue Funktion als *soziale*

Scham hinzugewinnt. Persönlicher Erfolg oder Misserfolg bei der Arbeit lässt sich auf Dauer nicht verbergen, weshalb zur Angst vor dem eigenen Versagen sich nun die Furcht vor dem hämischen, gar schadenfreudigen Blick der anderen gesellt. Denn wie man von den anderen eingeschätzt wird, hängt bis heute vor allem von Erfolg oder Misserfolg bei der Arbeit ab.

Dank der Befreiung aus vormodernen ständischen Bindungen nimmt in der Moderne die Frage »Wer bin ich als dieses Individuum XY?« seine unbarmherzigste Gestalt an. Diese lautet: »Wer werde ich am Ende meines Lebens in den Augen der Anderen sein? Derjenige, der es nach oben geschafft hat oder, derjenige, der nichts erreicht hat?« »Werde ich samt Frau und Kindern zu jenen gehören, die man auf der Straße erkennt und grüßt oder zu jenen, die man diskret übersieht, als ob man Luft wäre?«

Des Einzelkämpfers Einsamkeit

Ein gesunder Egoismus als notwendige Selbstfürsorge

Zur modernen Ich-Autonomie des Einzelnen gehört – ob nur hintergründig oder akut empfunden – ein neues Gefühl der Einsamkeit. Dieses ergibt sich schon durch den Konkurrenzkampf bei der Arbeit, der jeden zwingt, primär für sich zu schauen und seine *Eigeninteressen* zu verfolgen. Den Altruismus moralisch höher zu werten als einen »gesunden« Egoismus, erscheint angesichts der wirtschaftlich-sozialen Verhältnisse als unvernünftig. Umgekehrt ist es auch verpönt, in eigener Not Hilfe von anderen zu erwarten. Das liberale Gebot lautet denn auch: »Du sollst den andern nicht auf der Tasche liegen!«

Dieses Einzelkämpfertum macht per se einsam. Wer sich mit dem Einzelkämpfertum identifiziert und im Leistungswettbewerb auch gut mithalten kann, wird dieses Gefühl zwar verdrängen können. Wer sich hingegen dieser auf Wettkampf eingestellten Arbeitswelt nicht gewachsen fühlt, hat nicht nur Angst, in den sozialen Abgrund zu stürzen, sondern vermisst zugleich eine emotionale Geborgenheit und wird an seiner Einsamkeit leiden.

Trau schau wem!

Mag man sich in einer am Wettkampf orientierten Arbeitswelt auch am Feierabend noch mit Kollegen zu einem Bier treffen, bleiben diese doch auch dann in erster Linie Konkurrenten und insofern *Vergleichsobjekte*. Kommt man beim Vergleich zum Schluss, dass der andere bei der Arbeit besser zurechtkommt als man selbst, wird man versuchen, ihn *nachzuahmen*; gewinnt man umgekehrt den Eindruck, dass man selber vorne ist, wird man versuchen, sich nicht in die Karten schauen zu lassen, um den eigenen Vorsprung nicht zu gefährden. Eine *persönliche Nähe* kann sich unter solchen Voraussetzungen nicht einstellen. Sollte ein Arbeitskollege wider Erwarten doch mehr Nähe suchen, fordert die Vernunft zur Vorsicht auf und stellt Fragen wie:»Was will er von mir?, Was führt er heimlich im Schilde?« Der Einzelkämpfer muss die Devise »Trau schau wem!« internalisiert haben. Diese rät ihm, es besser bei oberflächlichen Beziehungen zu belassen, statt vorschnell der Sehnsucht nach persönlicher Annäherung nachzugeben.

Freundschaft und romantische Liebe als Antidot gegen die moderne Einsamkeit

Es kann nicht erstaunen, dass sowohl Freundschaften wie auch frei eingegangene Liebesbeziehungen in der Neuzeit ein ganz neues Gewicht erhalten. Beide basieren auf der Beziehungsform der *Begegnung*. Was die Begegnung von anderen mitmenschlichen Beziehungen unterscheidet, lässt sich ebenfalls am Mythos von Adam und Eva verdeutlichen. Nachdem sie vom Baum der Erkenntnis gegessen hatten, »gingen ihnen die

Augen auf« und sie merkten plötzlich, dass sie zwei Einzelne sind, die beide zwei eigene Augen haben, mit denen sie sich nun *gegen*seitig anblicken. Jetzt stehen sich Adam und Eva zum ersten Mal bewusst *gegenüber* und damit kann auch zum ersten Mal eine Begegnung zwischen ihnen stattfinden, was vermutlich nicht nur Scham, sondern auch Angst ausgelöst hat.

Wahre Freundschaft

Freunde werden deshalb in der Moderne so wichtig, weil sie bereit sind, einander auch in Notzeiten die Treue zu halten und Unterstützung zu bieten. Freunde lassen sich aber kaum bei der Arbeit finden, weil ein Freund nicht zugleich auch ein Konkurrent sein kann. Wiederum war es Schiller, der bereits 1798 mit der Ballade »Die Bürgschaft« der Freundschaft ein großartiges dichterisches Denkmal gesetzt hat. In dieser Ballade ist der Freund bereit, sich an Stelle seines bereits zum Tode verurteilten Freundes für drei Tage in die Gefangenschaft des Tyrannen zu begeben und auch den Tod an Stelle des Freundes zu erleiden, sollte dieser zur verabredeten Zeit nicht zurückgekehrt sein. Ein solch absoluter »Freundschaftsdienst« ist nur möglich auf der Basis eines *bedingungslosen gegenseitigen Vertrauens*.

Die Ermahnung »Trau schau wem« weist hingegen auf die Gefahr hin, der man sich aussetzt, wenn man einem anderen Menschen Vertrauen schenkt. Der Freund in der Ballade hätte sich auch aus dem Staube machen können, um seine eigene Haut zu retten. Jedes Vertrauen kann auch missbraucht werden. Jemandem zu vertrauen bleibt darum immer ein *Wagnis*. Wer dieses Wagnis nicht eingehen will, begnügt sich mit oberflächlichen Beziehungen. Er zieht die innere Einsamkeit der Abhängigkeit vor, in die man sich immer begibt, wenn man einem anderen Menschen vertraut.

Romantische Liebe

Ähnlich riskant ist das Eingehen einer »romantischen« Liebesbeziehung. Das Soziologenpaar Beck und Beck-Gernsheim hat 1990 die Liebe als eine moderne Nachreligion bezeichnet und sie damit in die Tradition der vormodernen Gottesliebe gestellt.[4] Geblieben ist dem modernen Menschen die Sehnsucht nach einem anderen Menschen, dessen Liebe Ersatz zu bieten vermag für jene verlorene Gottesliebe, an der es in vormoderner Zeit keinen Zweifel gab. Es handelt sich um die Sehnsucht, als modernes Individuum die negative Seite der Vereinzelung – die Einsamkeit – überwinden zu können, ohne zugleich die positive Seite der eigenen individuellen Besonderheit aufgeben zu müssen. Denn geliebt werden möchte seit der Romantik das Individuum seiner selbst wegen als dieses einmalige Individuum und nicht wegen des eigenen Erfolgs oder der eigenen Schönheit.

Weil aber die moderne Einsamkeit die Kehrseite der modernen Ich-Autonomie darstellt, jede moderne Partnerschaft jedoch auf einer gegenseitigen freien Wahl zwischen autonomen Einzelnen basiert, bleibt sie latent da, genauso wie die Angst. Akut spürbar wird die Einsamkeit dann, wenn man merkt, dass der geliebte Partner sich innerlich entfernt oder sich auch äußerlich trennen will.

Existenzphilosophische Überlegungen zur »Angst« als dem »Schwindel der Freiheit«

Zum Unterschied zwischen »Angst« und »Furcht«

Hegel schrieb 1820 in der Vorrede zu den »Grundlinien der Philosophie des Rechts«, die Philosophie sei »ihre Zeit in Gedanken gefasst.« Das trifft meines Erachtens in hervorragendem Masse auf die Philosophie von *Sören Kierkegaard* zu. Er ist der Entdecker der *Angst*, die keinesfalls mit *Furcht* verwechselt werden dürfe.[5] Wenn wir in der Umgangssprache von Angst sprechen, meinen wir immer die Furcht vor einer kon-

---

4 Beck, U, Beck-Gernsheim E (1990/2017)
5 Kierkegaard S (1843/2003), S. 50

kreten Gefahr oder die Stimmung der Furchtsamkeit, in der uns die ganze Welt bedrohlich erscheint. Wir Menschen können uns vor unzähligen Gefahren fürchten, seien diese real oder auch nur eingebildet; in der *Angst* im Sinne Kierkegaards hingegen sind wir immer nur auf ein einziges, wenn auch einzigartiges Gefahrenobjekt bezogen, nämlich *die eigene Freiheit*. Darum handelt es sich bei der Angst – ganz im Unterschied zur Furcht – um jenes Grundgefühl, das uns den *abgründigen Charakter* unserer menschlichen Freiheit erfahren lässt.

Es scheint mir evident, dass die Angst erst nach 1800 entdeckt und von der Furcht abgehoben werden konnte. Erst nach dem Zusammenbruch der feudalen Gesellschaft erfuhr sich jeder Einzelne ganz konkret als *in die Freiheit entlassen*. Die vormodernen Menschen waren zwar voller Furcht, konnten aber die in ihnen sitzende Angst noch nicht als »Angst« erfahren. Es liegt nahe zu vermuten, dass es immer schon eine wichtige Aufgabe jeder Kultur war, die *Angst* zur *Furcht vor überirdischen Mächten* umzudeuten, die man mit anderen Menschen teilen kann. In unserem jüdisch-christlichen Kulturkreis war die namenlose Angst als die *Furcht vor göttlicher Bestrafung* wegen eigener Versündigung präsent, mit dem erwünschten Nebeneffekt, die Gläubigen auch gegenüber kirchlicher und feudaler Obrigkeit gefügig zu machen.

In der Moderne verliert die Angst zunehmend ihr religiöses Gewand und wird zur nackten *Angst vor der eigenen Freiheit*. Mit der Angst aber ist – anders als mit der religiösen Furcht – jeder allein. In ihr erfährt jeder immer nur das eine und selbe, nämlich dass er als dieser Einzelne sein Leben selbst zu führen und auch zu verantworten hat. Die Angst zerstört zudem die Illusion, man könne der Vereinzelung entfliehen, indem man wieder Anschluss an ein kollektives Wir-Selbst sucht. Denn auch identitätsstiftende Gruppen haben in der Moderne ihren statischen Charakter eingebüßt, wandeln sich um oder lösen sich auf, weshalb sie dem Einzelnen nicht mehr wie in feudalen Zeiten Sicherheit in einer bleibenden Wir-Identität bieten können. Die »Angst« kann darum, obwohl eine urmenschliche Erfahrung, zugleich als *die eigentliche Grunderfahrung des modernen Menschen* gelten.

Warum die eigene Freiheit den Menschen ängstigt

Es ist zwar inkonsequent, wenn Sören Kierkegaard als durch und durch moderner Philosoph die menschliche Freiheit in Abhebung von der göttlichen zu fassen sucht. Doch nur dank dieser Inkonsequenz gelingt es ihm, die menschliche Freiheit radikal zu denken, ohne sie zugleich zu verabsolutieren. Weil Kierkegaard nicht nur ein moderner Philosoph war, sondern zugleich ein christlicher Denker, hatte es für ihn nichts anstößiges, die Endlichkeit der menschlichen Freiheit über den »unendlichen Qualitätsunterschied« zur göttlichen Freiheit zu fassen: Während für Gott in seiner Unendlichkeit jederzeit alles möglich ist, sind der Freiheit des Menschen aufgrund seiner Endlichkeit enge Grenzen gesetzt.[6] Die große Leistung Kierkegaards liegt darin, diese Grenzen nicht wie üblich erst im Außen, in den widrigen Umständen zu orten, welche sich der Realisierung der menschlichen Freiheit so häufig in den Weg stellen, sondern sie zur Eigenart der menschlichen Freiheit selbst gehörend aufzuweisen.[7] Die menschliche Freiheit ist nämlich grundsätzlich immer nur eine *Freiheit der Wahl*. Darin liegt ihre Endlichkeit. Die Freiheit nur als Wahlfreiheit zu haben, diese aber auf keine Weise loswerden zu können, solange man lebt, *ist* für den Menschen beängstigend.

Keine Wahl ohne Verzicht

Jede Wahl funktioniert nach der Regel des *Entweder – Oder* und erfordert darum immer einen *Verzicht*. Das weiß der Volksmund und spricht deshalb von der *»Qual der Wahl«*. Oft möchte man nicht nur das Eine auf Kosten des Anderen, sondern man möchte beides haben, oder, noch schlimmer, keines von beidem. Längst nicht immer hat man das Glück, dass ausgerechnet dasjenige zur Wahl steht, was man sich am meisten wünscht. In diesem doch eher seltenen Fall erfährt man die Wahl als beglückend, und der faktisch auch jetzt mit der Wahl verbundene Verzicht auf andere ebenfalls zur Wahl stehende Möglichkeiten wird gar nicht als Verzicht erlebt. Dennoch bleibt auch dieser seltene Glücksfall

---

6 Kierkegaard S (1846/1997), S. 146
7 Dazu genauer Holzhey-Kunz A (2020), Teil I

noch gefährdet, weil sich zum Zeitpunkt der Wahl längst nicht alle Konsequenzen der Wahl vorhersehen lassen. Jede Wahl ist darum *ein Sprung ins Ungewisse*, sogar dann, wenn mit ihr zum Zeitpunkt der Wahl ein Herzenswunsch in Erfüllung geht. Man kann also nicht einmal bei einer Glückswahl ausschließen, dass man sie später bitter bereuen wird.

Besonders belastend wird eine Wahl dann, wenn es sich nur um eine sogenannte »zweite Wahl« handelt, die man zu treffen gezwungen ist, weil die sogenannte »erste Wahl« schon vergeben oder unerreichbar ist. Eine solche Wahl treffen zu müssen, empfindet man als bitter, denn man trifft sie ja nur, weil einem nichts Besseres übrigbleibt, und weil ein Aufschieben der Wahl aus bestimmten Gründen nicht opportun scheint. Noch bitterer fühlt sich eine »zweite Wahl« dann an, wenn es sich um eine sogenannte zukunftsweisende Wahl handelt, welche das eigene Leben über längere Zeit bestimmen wird, sei es im privaten Sektor die Wahl eines Ehepartners, sei es im beruflichen Sektor der Entscheid für ein Stellenangebot, das man aus Vernunftgründen glaubt annehmen zu müssen. – Bereits diese erste Analyse der inneren Grenzen menschlicher Wahlfreiheit passt schlecht zur liberalen These, ein selbstbestimmtes Leben sei per se auch ein glückliches Leben.

Keine Wahl ohne Schuld

Dass jede Wahl auch Verzicht fordert, ist aber nur die eine Begrenzung der Wahlfreiheit; die andere liegt in der Schuld, welche jede Wahl mit sich bringt. Diese Schuld ist sogar mehrfacher Art. Bereits angetönt wurde jene potentielle Schuld, von der wir zur Zeit der Wahl noch nichts wissen, die sich aber dann meldet, wenn negative Folgen dieser Wahl nicht nur für einen selbst, sondern auch für andere auftreten. Diese haben wir durch unsere Wahl, wenn auch unabsichtlich, *verursacht*. Ist man dafür schuldig? Solange man nur die *moralische oder rechtliche Schuld* kennt, kann man dies verneinen. Die Existenzphilosophie weiß aber auch um eine *vormoralische Schuld*. Dass diese Schuld kein bloßes Gedankenkonstrukt ist, wusste ebenfalls schon das Alte Testament mit der Theorie der *Erbsünde*. Die Erbsünde macht verständlich, warum es seit jeher Menschen gibt, die an Schuldgefühlen leiden, die sie sich selber nicht erklären können, weil sie sich keiner (moralischen) Schuld bewusst sind. Heute werden vormoralische Schuldgefühle als pathologisch eingestuft, weil man in aufgeklärter Zeit keine plausible Erklärung mehr für sie hat, solange man nur die moralische und die rechtliche Schuld gelten lässt.

Eine weitere (vormoralische) Schuld liegt darin, dass man durch jede Wahl der einen Option alle anderen zur Wahl stehenden Möglichkeiten an ihrer Realisierung hindert, sie also begräbt, statt ihnen eine Verwirklichungschance zu geben. Darin liegt für besonders sensible Menschen wiederum eine schuldhafte, weil selbstherrliche Tat, kann doch in Wahrheit niemand wissen, ob nicht die Wahl einer anderen Möglichkeit weit mehr Gutes und Schönes in die Welt gebracht hätte. Der verbreitete Versuch, eigene Entscheide auf den Sankt Nimmerleinstag zu verschieben oder sie an jemand anders zu delegieren, ist oft durch die Angst vor dieser Schuld motiviert.

Eine nochmals andere Schuld hat wiederum mit dem puren Faktum zu tun, dass man als Mensch nicht ums Wählen herumkommt. Der deutsche Komiker *Karl Valentin* hat die Angst vor dieser Schuld in dem berühmt gewordenen Satz eingefangen: »*Mögen hätt' ich schon wollen, aber dürfen hab' ich mich nicht getraut.*« Ich versuche diesen Satz folgendermaßen »auszudeutschen«: »Ich hätte schon eine Wahl treffen wollen, aber ich habe mich nicht getraut, mir *das Recht dazu* einfach zu nehmen.« Valentin weist hier auf die unleugbare Tatsache hin, dass sich keine Wahl von selbst vollzieht, sondern immer ein Akt ist, den ich selbst zu vollziehen habe. Diesen Wahlakt vollziehen aber kann ich nur, wenn ich mir selber das Recht dazu gebe. Genau das getraut sich Karl Valentins Antiheld nicht. Er könnte es nur tun, wenn er über sich eine höhere, nämlich göttliche Instanz wüsste, die seine Wahl gutheißt und diese damit *legitimiert*. Weil eine solche höhere Instanz heute fehlt, wird jede Wahl immer auch ein Akt der *Selbstermächtigung*. Wiederum sind es die besonders sensiblen Menschen, die davor als einem Akt menschlicher Selbstüberschätzung und Arroganz zurückschrecken, weil sie ihn als in einem vormoralischen Sinne schuldhaft erfahren.

Der Gewinn existenzphilosophischer Überlegungen zur Freiheit

Der größte Gewinn liegt, um es nochmals zu sagen, darin, die *innere*, der menschlichen Freiheit *immanente* Begrenztheit aufzuweisen, die ansonsten zugunsten der äußeren Begrenzungen unbeachtet bleibt. Für Kierkegaard ist die »Angst« der »Schwindel der Freiheit«, weil uns Menschen angesichts ihrer Abgründigkeit ein solcher Schwindel erfasst, als ob wir in einen bodenlosen Abgrund hinunterstarren müssten. Was Kierkegaard uns präsentiert, ist keine Schwarzmalerei, sondern das Schicksal, nur ein Mensch und als solcher radikal endlich zu sein. Schutz vor der »Angst« bietet der gesunde Menschenverstand, rät er doch davon ab, allzu genau hinzusehen, die Wahrheit zu genau wissen zu wollen. Kierkegaard deutet dasselbe an, wenn er erklärt, der Angstschwindel werde nicht nur durch den Abgrund erzeugt, sondern genauso durch das hinunterblickende Auge, »denn was wäre, wenn er nicht hinuntergestarrt hätte.«[8]

Stress, Burnout, Depression: Nicht-mehr-Können oder Nicht-mehr-Mögen?

Der eigenen Ich-Autonomie müde sein

Das Buch »Das erschöpfte Selbst« des französischen Soziologen Alain Ehrenberg wurde zum Bestseller, weil es dem, was viele spürten, sprachlichen Ausdruck gab. Weit zutreffender als die deutsche Übersetzung ist allerdings der ursprüngliche französische Titel *La fatigue d'être soi* (deutsch: *Die Müdigkeit, sich selbst zu sein*). Anders als die Erschöpfung ist die Müdigkeit ein vieldeutiges Phänomen. Wer erschöpft ist, dem fehlt schlicht die Kraft, noch weiterzumachen. Wer müde ist, mag sich zwar

---
8 Vgl. Kierkegaard S, ebd., S. 72

auch kraftlos fühlen, und doch liegt in der Müdigkeit meist auch ein: Ich *mag* jetzt nicht mehr, ich bin es *leid geworden*, mich weiterhin abzumühen.

Je mehr einem etwas *verleidet* ist, umso schneller meldet sich die Müdigkeit im Sinne des »Nicht-mehr-Mögens.« Könnte es sein, dass das moderne Freiheitsideal der Ich-Autonomie heute für viele nicht mehr attraktiv ist? Dass der Lastcharakter der Freiheit heute von immer mehr Menschen immer negativer erlebt wird? Die Tendenz ist heute groß, Leute mit Stress-Symptomen für »psychisch krank« zu erklären. Eine Krankheit gilt bekanntlich nach üblichem (medizinisch-somatischem) Verständnis als ein Geschehnis, von dem eine Person ohne eigenes Zutun getroffen wird. Im Falle seelischen Leidens ist es aber viel komplizierter. Seelisches Leiden hat in der Mehrheit der Fälle auch eine *aktive*, wenngleich unbewusste oder zumindest unerkannte Seite, indem es auf eine Situation *antwortet*, die man zunehmend als für sich selbst nicht mehr verkraftbar empfindet.

Der Widerspruch zwischen nachmoderner Gefühlskultur und modernem Arbeitsethos

Bereits das Zitat aus Schillers Gedicht *Das Lied von der Glocke* machte deutlich, dass es am Beginn der Moderne mindestens so viel Grund zu Klagen über Stress, Burnout und ähnlichen Symptomen gegeben hätte, wenn sich der durchschnittliche Bürger damals solche Symptome hätte leisten können und diese gesellschaftlich als »Krankheitssymptome« anerkannt gewesen waren. Stattdessen hätte er vermutlich damals damit rechnen müssen, als Faulenzer oder Simulant abqualifiziert zu werden.

Heute herrscht eine positive »Gefühlskultur«[9] vor, die nicht nur eine gesteigerte *Empfindsamkeit* fördert, sondern auch eine übersteigerte *Empfindlichkeit*. Es gilt heute als für die eigene Gesundheit förderlich, auf die eigenen Gefühle zu achten, sie zu spüren und auch auszudrücken. Diese Wende weg von der in der Moderne vorherrschenden ratio-

---

9 Vgl. dazu die vielen einschlägigen Schriften von Eva Illouz, unter anderem (2007); auch Reckwitz A (2017), S. 348

nalen Sachlichkeit hin zu einem nachmodernen Gefühlsprinzip wurde durch die WHO bestärkt, indem sie das *subjektive Wohlbefinden* zum ersten und also wichtigsten Kriterium seelischer Gesundheit erhob. Es ist zu befürchten, dass der Widerspruch zwischen dem sich in der Zeit von Deregulierung und Globalisierung wieder verschärfenden Leistungsdruck einerseits und dem sich gleichzeitig steigernden Anspruch auf persönliches Wohlbefinden bei der Arbeit andererseits viele dazu verführen könnte, den Ausweg im seelischen Leiden und damit auch in einer Opferrolle zu suchen – ein schon deshalb in reichen Ländern weit offenstehender Ausweg, weil das Gesundheitswesen heute als ein wichtiger Zweig der Ökonomie um Patienten wirbt.

Die Radikalisierung der Ich-Autonomie zur Singularität als eine Flucht nach vorn?

Gegen Ende des 20. Jahrhunderts hat es sich eingebürgert, von der Moderne eine Spät- oder Nachmoderne zu unterscheiden, häufig auch *Post*moderne genannt. Dafür gibt es viele gute Gründe, und gerade darum ist es nicht möglich, diese Zeit auf einen einzigen Nenner zu bringen. Ich will hier nur auf einen Wandel hinweisen, der zu unserem Thema Autonomie und Einsamkeit gehört und der vom deutschen Kultursoziologen *Andreas Reckwitz* auf eine exzellente Weise beschrieben und analysiert worden ist.[10] Das einschlägige Buch von ihm hat den Titel *Die Gesellschaft der Singularitäten*. Seine These widerspricht der These Ehrenbergs von einer wachsenden Müdigkeit an der Ich-Autonomie nur scheinbar und muss wohl eher als eine verzweifelte Flucht nach vorn verstanden werden, welche neben der Flucht in seelisches Leiden einerseits, in Populismus und Wutbürgertum andererseits zu verorten ist.

---

10 Reckwitz A (2017)

Warum eine Flucht nach vorn?

Als eine Flucht nach vorn lässt sich der Wandel des modernen Ideals der Ich-Autonomie zum nachmodernen Ideal der individuellen Singularität deshalb deuten, weil letztere hauptsächlich eine Radikalisierung und auch Pervertierung der Ich-Autonomie darstellt: von der Selbstbestimmung als Selbstzweck hin zu deren *Zur-Schau-Stellung*; von der ehrlichen Bemühung um Authentizität hin zum krampfhaften *Authentischerscheinen-Wollen*; generell also vom Sein weg und hin zum *schönen Schein*, um nach außen Wirkung zu erzielen.

Wir stoßen hier ein zweites Mal auf die *Bedeutung des Blicks der Anderen*, aber jetzt nicht mehr als jener Blick, der beschämt und darum ängstigt, sondern als heiß begehrter und darum auch möglichst raffiniert umworbener Blick, den man für sich gewinnen und durch eine *singuläre Selbstinszenierung* beeindrucken will. Sich als Singularität zu präsentieren, scheint nötig, um überhaupt noch Beachtung zu finden. Als Motor wirkt die Angst, ansonsten in der Menge der Vielen-allzu-vielen, die sich ebenfalls möglichst attraktiv präsentieren, unterzugehen. Kein Zweifel, dass der Siegeszug der Digitalisierung diesen Wandel vom »Ich« zur »Singularität« ermöglicht oder gar erzwungen hat. Mit der Digitalisierung hat sich dem modernen Wettbewerb ein neues Feld erschlossen, in dem sich die meisten zwar bis jetzt erst in der Freizeit tummeln, das aber von jedem, der hier mitspielt, ebenfalls viel abverlangt, weil die Selbstpräsentation im Netz ständig à jour gehalten werden will.

Die verzweifelte Jagd nach dem bewundernden Blick der Anderen lässt sich auch als verzweifelte Flucht vor der drohenden Vereinsamung verstehen, der man zu entgehen hofft, indem man sich ständig bemüht, auf der Bühne vor Anderen sich möglichst wirkungsvoll zu inszenieren. Reckwitz charakterisiert den nachmodernen Einzelnen als *Kurator seiner selbst*. So wie der Kurator im Museum die Kunstwerke *so* ausstellt, dass sie *möglichst gut zur Geltung kommen*, so muss sich auch jeder Einzelne heute so präsentieren, dass er damit den bestmöglichen Effekt erzielt.[11] Diese Selbstkuratierung ist nur erfolgreich, wenn es gelingt, sich noch

---

11 Ebd. S. 95ff

besser, noch gekonnter – früher hätte man gesagt: noch *schamloser* – als die Konkurrenten in Szene zu setzen. Wer an der hohen Anzahl an Klicks ablesen kann, dass er »in« ist, fühlt sich – zumindest für den Moment – der Einsamkeit entronnen. Hatte das Handy am Anfang für viele noch die Funktion eines »apersonalen Begleiters« im Sinne Sloterdijks[12], mit dem man sich immer »zu zweit« fühlen konnte, so dient es jetzt in der Öffentlichkeit dazu, der Welt um einen herum deutlich zu machen, dass man an ihr gar nicht interessiert ist, weil das Gespräch, in das man gerade vertieft ist, tausend Mal wichtiger ist als alles, was sich rund um einen herum abspielt. Dass solche digitalen Beziehungen die Einsamkeit eher steigern als minimieren, ist zu vermuten. Nicht nur deshalb, weil auch viele Follower keine reale Beziehung zu ersetzen vermögen, sondern auch deshalb, weil man im Netz bekanntlich ebenso schnell wieder »out« sein kann, wie man vorher »in« war.

Zwei philosophische Einsprüche gegen die moderne Ich-Autonomie

Als ein solcher Einspruch lässt sich auch die *Existenzphilosophie* mit ihrem Nachweis der radikalen Endlichkeit der menschlichen Freiheit verstehen. Nur enthält diese Philosophie als philosophische *Anthropologie* keine explizite Kritik der Moderne und schon gar keine Alternative zum Schicksal des Menschen, als ein Einzelner zum Freisein verurteilt zu sein. Sie vermag hingegen jene *Tragik* ans Licht zu bringen, welche darin besteht, dass es den Menschen zwar auszeichnet, *frei* zu sein, seine Freiheit aber als Wahlfreiheit endlicher Natur ist und ihm deshalb eine Last aufbürdet, die heute manchem zu schwer wird.

Abschließend will ich auf zwei Philosophen hinweisen, welche die Priorisierung des Ich-Subjekts für einen modernen Irrweg halten und

---

12 Siehe Punkt 8

dafür plädieren, den Menschen von seinem *Immer-schon-Bezogen-Sein* her zu denken. Es handelt sich um *Martin Buber* (1878–1965) und *Peter Sloterdjik* (geb. 1947). Interessant sind beide deshalb, weil sie weder ein nostalgisches Zurück in eine vormoderne kollektive Identität noch in eine religiös-fundamentalistische Gemeinschaft propagieren und also darin einig sind, dass der Bruch zwischen Moderne und Vormoderne irreversibel ist. Interessant sind sie auch deshalb, weil ihre Charakterisierung dieser der Vereinzelung vorgängigen mitmenschlichen Bezogenheit kaum gegensätzlicher sein könnte.

Bubers sprachtheoretischer Ansatz

Martin Buber beginnt seine Schrift *Ich und Du*[13] apodiktisch mit der Aussage, es gebe *zwei Grundworte*, in denen sich das menschliche Leben vollziehe, um daran die steile These anzuschließen, diese beiden Grundworte seien in Wahrheit *keine Einzelworte*, sondern *Wortpaare*, nämlich die beiden Wortpaare Ich-Du« und »Ich-Es« beziehungsweise »Ich-Er«.

Buber geht also hinter das individuelle Ich-Bewusstsein auf die Sprache zurück und glaubt dort zwei Grundworte ausmachen zu können, in denen das Wort »Ich« nur als die eine Hälfte der eine unauflösbare Einheit bildenden beiden Wortpaare vorkomme. Daraus zieht Buber wenig später den entscheidenden anthropologischen Schluss: »*Im Anfang ist die Beziehung.*«. Er verschärft den Vorrang der Beziehung nochmals, indem er später behauptet, dass auch in einer Ich-Du-Beziehung dem Du nochmals ein Vorrang zukomme, denn: »*Der Mensch wird [erst] am Du zum Ich*«.

Ob diese sprachtheoretische Hypothese von Buber sich halten lässt, ist eine andere Frage. Davon unabhängig war und ist die Wirkung dieser Schrift von Buber erstaunlich groß, gerade auch auf dem Gebiet der Psychiatrie und Psychotherapie, und zwar angefangen mit *dem Psychiater und Daseinsanalytiker Ludwig Binswanger*. Binswangers philosophisches Ziel war es, die Psychiatrie auf ein ganzheitliches Verständnis des Menschen zu gründen. Dafür übernahm er zwar aus *Sein und Zeit* von

---

13 Buber M (1923/1962), S. 7; 22; 32

Martin Heidegger die Begrifflichkeit (Dasein, In-der-Welt-sein), von Buber hingegen die Überzeugung, dass der Mensch erst wahrhaft ganz werde in der liebenden Vereinigung von Ich und Du – das heißt in der Existenzform des Wir, welche auch die von Kierkegaard namhaft gemachte »Angst« hinter sich zu lassen vermöge.[14]

Sloterdijks pränataler Ansatz

Anders als Martin Buber geht *Peter Sloterdijk* an den Anfang eines jeden Menschen im *Mutterleib* zurück. Dort aber ist der Embryo (und später der Fötus) gerade nicht allein, sondern engstens verbunden mit der *Plazenta* als seinem »Urbegleiter«. – Ob von der zugrundeliegenden Sprachstruktur ausgehend oder von der anfänglichen Situation im Mutterleib: Beide Autoren leiten daraus den *Vorrang der Beziehung vor der Vereinzelung* ab.

Sloterdijk erklärt im ersten Buch seiner *Trilogie Sphären* (1998–2004) über die *Blasen* die modernen Menschen als in »Einzelhaft« befindliche »Iche«, die zeitlebens an dieser Einzelhaft leiden würden. Der Einzelne ist um seinen ihm zugehörigen Begleiter »amputiert« und darum immer schon und nur ein »Rumpfsubjekt«.[15] Aufhorchen lässt hier zuerst einmal, dass das Kind im Uterus kein unmittelbares Verhältnis zur Mutter habe, sondern zur Plazenta. Bezeichnend für unsere Kultur sei, dass sie, anders als frühere Kulturen, welche die Plazenta noch respektvoll begraben hätten, diese nach der Geburt achtlos in den Mülleimer werfen würde. Schon darin manifestiere sich der katastrophale Irrtum, den Menschen als ein Einzelwesen aufzufassen. Tatsächlich sei der Mensch aber eine »Zwei-Einheit«, und darum sei er *auch nach der Geburt auf ein »Seelengeschwister«* angewiesen. Die sogenannten »Übergangsobjekte« des Kleinkindes, vom Kuscheltuch bis zum Stofftier und ähnlichem, würden belegen, wie sehr der Mensch, nachdem er von seiner Plazenta getrennt und in die widerständige Welt hinausgeworfen worden sei, ständig nach »Ersatzformen« für dieses erste innige Beisammensein suche.

---

14 Binswanger L (1942/1993)
15 Sloterdijk P (1998), S. 74; 475

Vom Finden solcher Ersatzformen hängt nach Sloterdijk die seelische Gesundheit auch des Erwachsenen ab.

Der Unterschied zu Buber könnte nicht größer sein: Während für Buber die Wahrheit darin liegt, als Einzelner darauf angelegt zu sein, als Teil eines *Wir* zu existieren, das den Charakter einer auf *Gegenseitigkeit* basierenden *Begegnung* von Ich und Du hat, besteht für Sloterdijk das ursprüngliche *Wir* in einer Begleitung gänzlich *asymmetrischer* Art. Der ständige Begleiter muss *ganz für die jeweilige Person da sein*, ohne eigene Ansprüche geltend zu machen. Es kann sich dabei um »Amulette« oder um »Schutzengel« handeln, aber durchaus auch um eine andere Person, welche zum Lebenspartner auserwählt wird. Wichtig ist, dass dieser Partner die Funktion eines »Seelengeschwisters« übernimmt. Wenn ein Lebenspartner diese Funktion hatte, sei sein Tod für den Überlebenden kaum verkraftbar. Er löse darum auch nicht *normale Trauer* aus, sondern eine *Depression*, und zwar deshalb, weil sich der Zurückbleibende nicht nur allein gelassen, sondern im wahrsten Sinne *halbiert* fühle, und darum in einem Weiterleben keinen Sinn mehr wahrzunehmen vermöge.

Literatur

Beck U, Beck-Gernsheim E (1990/2017) Das ganz normale Chaos der Liebe. Frankfurt a. M.: Suhrkamp.
Binswanger L (1942/1993) Grundformen und Erkenntnis menschlichen Daseins. Heidelberg: Asanger.
Buber M (1923/1962) Ich und Du. In: Buber M (Hrsg.) Das dialogische Prinzip. Heidelberg: Schneider, 5–121.
Holzhey A (2020) Emotionale Wahrheit. Der philosophische Gehalt philosophischer Erfahrungen. Basel: Schwabe.
Illouz E (2004) Gefühle in Zeiten *des* Kapitalismus. Adorno-Vorlesungen. Frankfurt a. M.: Suhrkamp.
Kierkegaard S (1843/2003) Der Begriff Angst. Stuttgart: Reclam.
Kierkegaard S(1846/1997) Die Krankheit zum Tode. Stuttgart: Reclam.
Reckwitz A (2017) Die Gesellschaft der Singularitäten. Frankfurt a. M.: Suhrkamp.
Sartre JP (1943/1993) Das Sein und das Nichts. Versuch einer phänomenologischen Ontologie. Reinbek: Rowohlt.
Sloterdijk P (1998) Sphären I. Blasen. Frankfurt a. M.: Suhrkamp.

Autonomie und Bezogenheit in Partnerschaftsbeziehungen junger Erwachsener

Inge Seiffge-Krenke

Einleitung

Autonomie und Bezogenheit ist ein Thema, das die gesamte Lebensspanne durchzieht und in allen Altersstufen eine Bedeutung hat, allerdings ändert sich die jeweilige Gewichtung. Seit den frühen Studien und der theoretischen Konzeptualisierung durch Margaret Mahler wurde deutlich, dass dieser Prozess sehr früh bereits im Kindesalter beginnt und durch ängstliche Rückversicherungen gekennzeichnet ist, inwieweit die eigenen Schritte der Verselbstständigung möglich sind und ob sie auch liebevoll begleitet werden. Im Jugendalter sind heftige Kämpfe um Autonomie an der Tagesordnung, und Eltern müssen lernen, dass eine Beelterung von Jugendlichen andere Maßstäbe und Qualitäten erfordert. Wie wir aus neueren Studien wissen, ist die Separationsangst der Eltern, die bereits Mahler in Bezug auf Mütter von Vorschulkindern beschrieben hat, durchaus auch bei Eltern von Jugendlichen und sogar bei Eltern von jungen Erwachsenen noch anzutreffen – und gegenwärtig sogar noch häufiger als vor einigen Jahrzehnten.

In diesem Kontext möchte ich mich mit Partnerbeziehungen bei jungen Erwachsenen beschäftigen, denn sie bauen auf früheren Erfahrungen um Autonomie und Bezogenheit auf und haben dennoch eine eigene Qualität. Denn diese Beziehungen sind durch sexuelle Komponenten etwas Besonderes. Gerade die Tatsache, dass die gelebte Sexualität eines der Merkmale der Partnerschaftsbeziehungen junger Menschen ist, hat in den letzten Jahren eine besondere Aufmerksamkeit nicht nur in der Forschung, sondern auch den sozialen Medien erfahren. Fast könnte man meinen, es ginge in erster Linie um die Befriedigung sexueller Bedürfnisse und weniger um die Beziehung der Partner zueinander. Hat hier ein Wandel in Richtung auf zu große Autonomie und wenig Bezogenheit stattgefunden, der die gegenwärtigen Partnerbeziehungen von denen noch vor 20, 50 oder 100 Jahren unterscheidet?

Wie Partnerbeziehungen erlebt und geführt werden, hängt sehr vom gesellschaftlichen Kontext und den jeweils vorherrschenden Werten, moralischen Vorstellungen und Möglichkeiten ab. Dabei sind Intimität und Liebe als verbindende Elemente zwischen zwei Partnern und eine ausgewogene Balance zwischen Autonomie und Bezogenheit eine relativ späte historische Entwicklung.

Ein kurzer Blick in die Vergangenheit

Die Kultur prägt unsere Vorstellungen und Normen von Partnerbeziehungen. Liebe und Intimität waren eine recht späte Entwicklung in der Partnerschaft – zuvor waren Knechte, Mägde und Hausangestellte in das Eheleben involviert, schlief man in großen Räumen gemeinsam. »Abgesehen von gewissen Eliten, die sich den Luxus der Selbstverwirklichung leisten konnten, besiegelte die Liebe weniger die Beziehung zwischen zwei Individuen; sie diente in erster Linie der Verbindung zwischen zwei Clans oder Familien, die mit ihrer Hilfe ökonomische Sicherheit und Arbeitskraft für das Familienunternehmen hinzugewinnen, durch Nachkommen den Besitzstand sichern und manchmal auch Ansehen und Vermögen vergrößern können«, schreibt Precht in seinem Werk *Liebe*.[1] Er beschreibt die Veränderungen plastisch: Als unsere Großeltern heirateten, hatten sie keine Wahl. Seine Großmutter hatte sich den Mann nicht ausgesucht, es passte vom Alter, vom Beruf, vom Wohnkontext – aber eigentlich hat es nie gepasst und sie blieben 50 Jahre zusammen. Unsere Eltern durften ab der Nachkriegszeit bereits wählen. Wir können wählen, mit Hilfe der neuen Medien kommt es

---

1 Precht RD (2009), S. 267

dann leicht zu einem zu viel an Optionen, immer auf der Suche nach dem optimalen Partner, der optimalen Selbstverwirklichung in einem »Zeitalter des Narzissmus.«[2] Heute ist Liebe stark durch die Selbstverwirklichung bestimmt. Auch die Sicht auf Sexualität als Teil der Partnerbeziehungen hat sich verändert: Sexualität dient schon seit einigen Jahrzehnten nicht nur der Fortpflanzung, und auch nicht ausschließlich der Triebbefriedigung, sondern auch der Selbstbestätigung. Die sexuellen Möglichkeiten sind rasant gestiegen, und die Nutzung von Online-Foren zur Partnersuche und für sexuelle Aktivitäten mit Partnern, mit denen keine Beziehung gesucht wird, ist für Erwachsene aller Geschlechter selbstverständlich geworden.

Historisch ist eine Erotisierung der Partnerbeziehung auffällig, sogar in einem solchen Extrem, dass Illouz von »sexing« spricht: Die Erfüllung sexueller Bedürfnisse ist ein Anspruch, der die Partnerbeziehungen seit etwa den 1960er Jahren kennzeichnet, aber durchaus auch schon früher als Anspruch bestand. So etwa hat eine Frau im Judentum die Möglichkeit, ihre Beziehung zu ihrem Mann durch Scheidung oder Trennung zu beenden, wenn er ihre sexuellen Bedürfnisse nicht erfüllt.[3] Die Doppelmoral, die über Jahrzehnte, ja Jahrhunderte herrschte, ist deutlich zurückgegangen, Frauen haben aufgeholt in Sachen Selbstbestimmung über ihren Körper, und das gilt auch für ihre sexuellen Bedürfnisse.

Besonderheit der Partnerbeziehungen bei jungen Erwachsenen

Autonomie und Bezogenheit in Partnerbeziehungen hängt also, wie deutlich geworden ist, sehr von dem gesellschaftlichen Kontext und den jeweils vorherrschenden Werten, moralischen Vorstellungen und Mög-

---

2 Seiffge-Krenke I (2021)
3 Illouz E (2013)

lichkeiten ab. Ich möchte nun die Partnerbeziehungen von jungen Erwachsenen genauer untersuchen. Sie leben in einem Entwicklungskontext, der für die meisten der sogenannten »emerging adults« sehr viel Freiraum und (zu) viele Möglichkeiten bietet und durch eine (zu) starke Autonomie und Selbstbezogenheit und relativ wenig Verbundenheit gekennzeichnet ist.

Seit etwa 2000 zeichnet sich zunehmend ab, dass sich eine Ausdehnung des Erwachsenwerdens mit der Konsequenz einer eigenständigen Entwicklungsphase – »Emerging Adulthood« (18–30 Jahre) – ergibt mit spezifischen Veränderungen, die sich in allen westlichen Industrienationen nachweisen lassen.[4] Die klassischen Kriterien für das Erwachsenenalter (Berufseintritt, feste Partnerbeziehung/Ehe, Familiengründung, finanzielle Eigenständigkeit und selbstständiges Wohnen) treffen auf diese Altersgruppe noch nicht zu bzw. werden zeitlich sehr stark hinausgeschoben. Nachweisbar ist beispielsweise, dass sich die Identitätsentwicklung verlängert und auch qualitativ verändert hat, und auch für den Beziehungsstatus ist, wie ich noch zeigen werde, inzwischen sehr viel Exploration und wenig Commitment charakteristisch. Es ist etwas Neues entstanden, das für sehr viele junge Leute ihr Lebensgefühl ausdrückt und ihre Chancen, aber auch Belastungen gegenüber früheren Generationen umfasst.

Auffällig ist, dass sich die jeweiligen Partner *nicht* als Paar erleben und dass es zu kurzzeitigen unverbindlichen sexuellen Begegnungen kommt, die »nicht romantisch« sind. Bis zu 70 % der jungen Erwachsenen haben solche »Nichtbeziehungen«.[5] Dabei lassen sich folgende Muster erkennen: *Beim Abschleppen* oder dem »*One-Night-Stand*« kommt es zwischen in der Regel unbekannten Partnern, oft in Verbindung mit Alkohol, zu sexuellen Aktivitäten. Eine eng verwandte Form der nichtromantischen sexuellen Beziehung sind die »Friends with benefits« oder Freundschaft +. Bei dieser Form betrachten junge Leute die sexuelle Aktivität als angemessene Ergänzung ihrer Freundschaft, und haben keinen Wunsch nach einer Paarbindung. Beim *Sex with the Ex* haben Ex-Partner trotz Beendigung ihrer romantischen Beziehung weiterhin Sex

---

4 Arnett JJ (2015)
5 James-Kangal N, Whitton SW (2019)

miteinander, aber wünschen keinesfalls eine Beziehung. Bei den *On-Off-*Beziehungen handelt es sich dagegen um Partner, die sich immer mal wieder als Partner erleben. Bei diesen letzten beiden Formen waren also einmal Partnerbeziehungen vorhanden. Offenkundig ist die mangelnde Abgrenzung zwischen *friends* und *lover* eine wesentliche Voraussetzung für die Nutzung von Freunden für sexuelle Begegnungen.

Zu betonen ist allerdings auch die Diversität: Bei 70 % der »Emerging adults« kommt es zu den gerade beschriebenen verschiedenen Mustern unverbindlicher sexueller Explorationen, es gibt aber auch 8 % Isolierte, sexuell Abstinente, für 20 % ist serielle Monogamie, für 2 % Monogamie gefunden worden. Dass junge Erwachsene mit einem Partner zusammenbleiben, den sie seit ihrer Jugendzeit haben, ist also sehr selten.

Was wissen wir über die Beziehungen bei Homosexuellen, bisexuellen und LGBT-jungen Leuten? Wie ihre heterosexuellen Altersgenossen treffen junge Erwachsene aus diesem Spektrum ihre romantischen Partner über eine Vielzahl von Kanälen, darunter Schul- oder Universitätsaktivitäten, gemeinsame Bekannte, Telefon-Hotlines und Online-Sites. Letztere sind ihre übliche Methode, um mit potenziellen Partnern in Kontakt zu treten, möglicherweise aufgrund des relativen Gefühls der Privatsphäre und der geringeren Stigmatisierung durch soziale Medien. Gleichzeitig werden wichtige Unterschiede zwischen sexuellen Minderheiten und heterosexuellen jungen Leuten erkennbar. Im Gegensatz zu heterosexuellen Jugendlichen, deren romantische Partner fast ausschließlich dem anderen Geschlecht angehören, daten LGBT-Jugendliche sowohl gleichgeschlechtliche als auch andersgeschlechtliche Partner. Dies nimmt mit zunehmendem Alter deutlich ab, so dass sie im jungen Erwachsenenalter zunehmend mit gleichgeschlechtlichen Partnern ausgehen.[6] Im Vergleich zu heterosexuellen Jugendlichen, bei denen die sexuelle Identität konsequent durch kulturelle Werte verstärkt wird, ist sie bei LGBT-Personen komplexer.[7] Schließlich ist es wichtig anzumerken, dass es signifikante Unterschiede in der Auswirkung romantischer Beziehungen auf das emotionale Wohlbefinden zu geben scheint. Romantische Beziehun-

---

6 Hu Y, Xu Y, Tornello SL (2016)
7 Moreira H et al. (2015)

gen sind für LGBT-Personen ein Schutzfaktor vor psychischen Belastungen. Der gesamtgesellschaftliche Einfluss auf die Paarbindung und die Kriterien für Partnerwahl und Beziehungen sowie für deren Stabilität ist groß. Von Bedeutung sind hier generell, insbesondere aber für die Generation der 20- bis 30-Jährigen die neuen Medien. Obwohl zweifellos eine Errungenschaft für die Generation mit hoher Mobilität, um mit ihren Freunden, Bekannten und Kollegen auch über große Entfernungen in Kontakt zu bleiben, wird dieser Gewinn teilweise durch negative Auswüchse beeinträchtigt. So berichten junge Leute, dass sie sich ständig unter Druck gesetzt fühlen, nur das Optimale von sich zu präsentieren, der ständige Vergleich, geschönte Selbstdarstellungen sind auffallend und die schiere Anzahl der Kontakte kostet Zeit.[8] Während die Medienberichterstattung über Tinder darauf hindeutet, dass diese App hauptsächlich für unverbindliche sexuelle Kontakte verwendet wird, gibt es der Studie von Sumtera et al. zufolge sehr unterschiedliche Gründe, Tinder zu verwenden.[9] Die Forscher fanden sechs Tinder-Motivationen: Die Motivation für Liebe war das wichtigste Motiv und stärker als die Motivation für Gelegenheitssex. Die Leichtigkeit der Online-Kommunikation ist kein sehr häufiges Motiv und wird eher von Männern genannt, die Online-Kommunikation als einen einfacheren Weg betrachten, neue Leute und potenzielle Partnerinnen„kennenzulernen als Frauen.. Die häufige Nennung der Selbstwertvalidierung spiegelt das Bedürfnis junger Erwachsener wider, ein positives Feedback zu ihrem Aussehen und ihren Interessen zu erhalten. Dass man Tinder nutzt, weil es Spaß macht (Nervenkitzel und Trendigkeit) wurde ebenfalls gefunden. Männer zeigen eine höhere Motivation für Gelegenheitssex und Nervenkitzel als Frauen.

---

[8] Manago AM et al. (2008)
[9] Sumtera SR et al. (2017)

Intimität und der Einfluss der verzögerten Identitätsentwicklung

In diesem Kontext sollten wir aber auch ein klassisches Modell der Entstehung von intimen Partnerbeziehungen, das Eriksonsche Model, genauer betrachten, denn es stellt einen engen Zusammenhang zwischen Identität und Intimität her. Genauer gesagt: Eine reife Identität ist die Voraussetzung für das Erreichen von Intimität in Partnerbeziehungen. Dieser sequentielle Aufbau ist keineswegs selbstverständlich, sind doch sexuelle Beziehungen, die häufig auch fälschlicherweise als intime Beziehungen bezeichnet werden, möglich, ohne dass eine Bindung an den Partner vorhanden ist. Es ist also nötig, sich mit der spezifischen Qualität von Intimität in Partnerbeziehungen zu beschäftigen.

Was umfasst nun Intimität? In der entwicklungspsychologischen Forschung und aus klinischer Perspektive wird Intimität gemeinhin als eine gute Balance zwischen Verbundenheit und Autonomie und Individualität definiert.[10] Beim »intimen« Partnerschaftsstatus schildern beide Partner eine tiefe, emotional engagierte Liebesbeziehung, eine offene Kommunikation. Es wird deutlich, wie sie Konflikte miteinander ausgetragen haben. Die Beziehung ist in Bewegung und kreativ. Beide Partner waren fähig, Vertrauen und Nähe zu genießen, sie zeigten aber gleichzeitig Respekt für die Autonomie des Partners. Junge Erwachsene mit einem Intimitätsstatus »*pseudointim*« schilderten dagegen blasse, undifferenzierte Beziehungen, oftmals in Schlagworten (»das Übliche halt«). Das Zusammenleben schien bequem, spannungslos, ja etwas langweilig, die Gefühle auf Sparflamme (»Tja, keine Ahnung, nennt man das nicht Liebe?«). Es wurde wenig über die Beziehung reflektiert, eine gewisse Stagnation war spürbar. Der Partner war oftmals funktionalisiert, wurde für bestimmte Zwecke »gebraucht«. Bei einem Intimitätsstatus von »*merger*« konnten eigene Gefühle auffallend besser beschrieben werden als die des Partners. Diese Paare können nicht streiten, sich aber auch nicht trennen. Sie blieben emotional verstrickt, aber abhängig vom Partner. Starke Verlustängste waren spürbar, der

---

10 Seiffge-Krenke I (2022)

Partner wurde oft idealisiert. Eigene Studien verdeutlichten, dass zwar rund 42 % der jungen Erwachsenen einen Beziehungsstatus »intim« mit ihrem Partner erreichten, dass jedoch eine fast ebenso große Gruppe (39 %) kürzere oder längere Beziehungen führten, aber von sehr oberflächlicher Art (»pseudointim« oder »stereotyp«). Der Mergerstatus kam nicht sehr häufig vor, und Isolierte gab es kaum.

Erikson hatte zwar einerseits die Identitätsentwicklung als einen lebenslangen Prozess postuliert, andererseits aber auch einen starken Fokus auf die Adoleszenz gelegt, in der die entscheidende Aufgabe der Integration von früheren und neuen Identitätsfragmenten (Kohärenz) bzw. die Unfähigkeit, diese Erfahrungen zu einem kohärenten Ganzen zu integrieren (Identitätsdiffusion), charakteristisch ist.[11] Inzwischen sind wir allerdings 50 Jahre nach seiner Konzeption zu anderen Befunden gekommen. Wir wissen aus einer sehr großen Zahl von Studien in ganz Europa und Nordamerika, dass die Identitätsentwicklung keineswegs in der Adoleszenz abgeschlossen ist, sondern noch andauert, und das nur etwa rund ein Drittel der Anfang Zwanzigjährigen eine reife Identität entwickelt hat, d. h. sich nach ausführlicher Exploration dann zu einem bestimmten Beruf, einer Werteinstellung, einem Partner bekannt haben.[12]

Zugleich hat sich die Identitätsentwicklung qualitativ stark verändert: Sehr viel Exploration und ein verringertes Commitment sind charakteristisch geworden – übrigens auch in der Generation der Eltern der jungen Erwachsenen, die sich in früheren Zeiten in einer ausgesprochen stabilen Lebensphase befanden. Heute aber stehen »nie erwachsene« junge Leute den »forever jungen« Eltern gegenüber, die Schwierigkeiten haben, ihr Alter anzunehmen und die zugleich auch von Umbrüchen in Bezug auf Partnerschaften und berufliche Entwicklungen betroffen sind.[13] Aus dieser Konstellation ergibt sich eine besondere Dynamik, die sich u. a. auch an veränderten Eltern-Kind-Beziehungen bemerkbar macht.

---

11 Erikson EH (1976)
12 Kroger J et al. (2010)
13 Seiffge-Krenke I (2022)

Was die Geschlechtsidentität angeht, so hatte Erikson zwei Entwicklungen als Folge der bisexuellen Diffusion beschrieben: sexuelle Beziehungen ohne Intimität und das Zurückziehen aus jeglicher Beziehung, die Abstinenz. In der Tat finden wir heute bei Jugendlichen und insbesondere jungen Erwachsenen diese Varianten, ich denke aber nicht, dass dies eine Frage der Geschlechtsidentität ist, zumindest nicht vordringlich, sondern dass insbesondere das unverbindliche Ausprobieren generell ein Merkmal der Entwicklungsphase des »Emerging Adulthood« ist.

Allerdings hatte Erikson mit einer anderen Überlegung durchaus recht: Für diejenigen jungen Erwachsenen, die ihre Identitätsentwicklung schon vorangetrieben haben, sind auch hochintime, befriedigendere und stabilere Partnerbeziehungen nachweisbar.[14] Durch die verlängerte Identitätsentwicklung hat sich heute auch der Zeitpunkt, zu dem sich eine im oben definierten Sinne intime Partnerbeziehung entwickeln kann, deutlich nach hinten verschoben; dennoch bleibt die Bedeutung der Identitätsentwicklung als Voraussetzung für reife Intimität weiterhin zentral. Wenn man die weitere Entwicklung bei jungen Erwachsenen verfolgt, so zeigt sich tatsächlich, dass nach einigen Jahren wiederum eine Veränderung eintritt: Die unverbindlichen Muster werden bei einem großen Teil der jungen Leute durch stabilere und bezogenere Partnerbeziehungen abgelöst; das sexuelle Explorationsverhalten ist deutlich zurückgegangen und betrifft nur noch knapp 40 % der jungen Erwachsenen.[15]

Im Zuge der geschilderten gesamtgesellschaftlichen Veränderungen haben sich die Kriterien für die Partnerwahl verändert. Liebe spielte eine immer bedeutsamere Rolle. Hinzukommt eine zunehmende Bedeutung der körperlichen Attraktivität – bei Männern wie bei Frauen[16] – und, wie beschrieben, die Möglichkeit der unverbindlichen Exploration. In diesem Punkt haben Frauen definitiv aufgeholt. Es ist aber wichtig, sich zu vergegenwärtigen, dass es zwar keine Geschlechtsunterschiede in der Identitätsentwicklung, wohl aber welche in der Intimitätsentwicklung gibt.

---

14 Seiffge-Krenke I, Beyers W (2016)
15 Shulman S et al. (2019)
16 Seiffge-Krenke I (2022)

Auf die schwierige Trennung was ist Freund, was ist »Lover« bei jungen Erwachsenen habe ich schon hingewiesen. Dies hat bereits eine längere Geschichte, denn enge Freundschaftsbeziehungen zwischen Jugendlichen können durchaus als »Vorläufer« der Intimitätsentwicklung in Paarbeziehungen angesehen werden. Dies hängt damit zusammen, dass Freundschaftsbeziehungen im Jugendalter zunehmend durch große Nähe und Intimität gekennzeichnet sind, und zwar insbesondere bei Mädchen. Das höhere Intimitätsniveau, das Mädchen in ihren Freundschaftsbeziehungen rund zwei Jahre vor ihren männlichen Altersgenossen erwerben[17], ist mit ein Grund dafür, dass sie für den Beginn romantischer Beziehungen »gut gerüstet« sind, ist aber auch Anlass für Konflikte, die durch die unterschiedlichen Intimitätsniveaus und Kommunikationsformen von Jungen und Mädchen in diesen ersten Partnerschaften entstehen können. Es ist aber zu unterstreichen, dass bei diesen frühen Formen nicht unbedingt eine gute Balance zwischen Verbundenheit und Autonomie besteht – die besitzergreifende Perspektive auf die Freundin ist auffallend, das romantische Involvement in einen Jungen wird durchaus negativ verbucht.

Autonomie und Bezogenheit in romantischen Beziehungen

Um eine gute Balance zwischen eigenen und gemeinsam geteilten Aspekten, d. h. Bezogenheit und Autonomie, zu erreichen, ist in der Regel ein längerer Lernprozess notwendig, der konflikthafte Auseinandersetzungen auf der Paarebene einschließt sowie Partnerwechsel. Für die beginnende romantische Entwicklung sind oftmals exklusive, sehr idealistische Partnerbeziehungen charakteristisch, bei denen man meint, keine Minute ohne den anderen sein zu können. Erst spätere Partnerbeziehungen zeichnen sich durch größere Unabhängigkeit, eine Entidealisie-

---

17 Seiffge-Krenke I (2017)

rung und realistische Wahrnehmung des Partners sowie größere Individualität aus. Generell ist das höhere Intimitätsniveau aber von Vorteil: Noch im jungen Erwachsenenalter kann man nachweisen, dass die jungen Frauen ein höheres, reiferes Intimitätsniveau besitzen – nicht selten Anlass für viele Missverständnisse und Paarkonflikte – und dass junge Männer mit wenigen Beziehungen in ihrer Intimitätsentwicklung stagnieren. Junge Frauen sind also eine Art »Lehrmeister« in Sachen Beziehungsentwicklung für ihre Partner.[18]

Die von sehr vielen jungen Erwachsenen gewählte Form der sehr kurzen nicht-romantischen sexuellen Kontakte ist wichtig, lässt aber auch wenig Möglichkeiten, eine Beziehung zu entwickeln. Die Intimität als gute Balance zwischen sich und dem anderen ist deutlich in Richtung Selbst verschoben, eine Paarbeziehung oder Bindung an den sexuellen Partner wird nicht gewünscht. Damit scheint eine Entwicklung unterbrochen, die bereits im Jugendalter recht weit gediehen war.

Romantische Beziehungen im Jugendalter entwickeln sich über verschiedene Stadien[19], und insbesondere in den ersten Stadien mit ihrem Fokus auf dem Selbst, dem eigenen Körper und dem Status in der Gruppe sind Peers stark involviert. Sie sind die Arena zum Kennenlernen potentieller Partner. Schließlich wird erst relativ spät, in der mittleren und späten Adoleszenz, der eigentliche romantische Partner in den Blick genommen und als Person beachtet, wobei Beziehungen nun länger dauern und durch Intimität, starke Emotionen aber auch Idealisierung der Beziehung gekennzeichnet sind.

In späteren Stadien werden also Bindung und Intimität zwischen Partnern immer wichtiger. Intimität als Balance zwischen Selbst und anderen erfordert nicht nur die Fähigkeit zur Konfliktlösung. Die Balance ist nicht einfach zu erreichen, da erhebliche Bindungsängste bestehen können. Die Bindung zum Partner entwickelt sich, wie die bahnbrechende Arbeit von Hazan und Shaver zeigte, etwa nach zwei Jahren Beziehungsdauer, ist also ebenfalls ein längerer Lernprozess.[20] In der Regel wird dies bei Jugendlichen mit ihren relativ kurzen Partnerbezie-

---

18 Seiffge-Krenke I, Shulman S (2020)
19 Seiffge-Krenke I (2003)
20 Hazan C, Shaver P (1987)

hungen von wenigen Monaten bis zu etwa einem Jahr eher noch nicht erreicht.

Dennoch sieht man bereits in Jugendlichenpartnerschaften, dass es erhebliche individuelle Unterschiede in der Qualität der romantischen Beziehung gibt – von wirklich verliebten über solche mit eher freundschaftlichen Beziehungen bis hin zu Paaren, bei denen weder Verliebtheit (»passion«) noch Freundschaft ihre Beziehung charakterisiert; sie bleiben zusammen trotz wenig Bezogenheit.[21] Meinungsverschiedenheiten und Konflikte sind späte Merkmale romantischer Beziehungen; mit zunehmendem Alter und der Erfahrung mit diversen romantischen Aktivitäten steigt die Fähigkeit, Meinungsverschiedenheiten und Konflikte zu lösen.[22] Jüngere Paare neigten eher dazu, Meinungsverschiedenheiten herunterzuspielen, als hätten sie Angst, dass jede Zwietracht zu einer Trennung führen könnte. Im Gegensatz dazu waren ältere jugendliche Paare besser in der Lage, ihre Meinungsverschiedenheiten zu klären, führte das Verhandeln über Selbst- und Beziehungsfragen zu einer höheren Beziehungsqualität (z. B. zu einer Zunahme von Bindung und Intimität).[23]

Bei der Charakterisierung des Entwicklungsverlaufs ist schon deutlich geworden, dass Intimität als Balance zwischen Autonomie und Verbundenheit sehr verschieden ist, je nachdem in welchem Entwicklungsstadium sich das Paar befindet. Obwohl die gesamte Entwicklungssequenz für die meisten Heranwachsenden gültig sein mag – zumindest zeigt das die Forschung –, so fällt zugleich auf, dass in jeder Phase der romantischen Entwicklung eine beträchtliche Vielfalt darin besteht, wie Partner die Beziehung erleben. Diese Vielfalt resultiert zum Teil aus der Tatsache, dass romantische Beziehungen aus Freundschaften entstehen und im Freundschaftsnetzwerk initiiert und gepflegt werden, aber auch daraus, dass die Partner unterschiedlich weit entwickelt sind in Bezug auf Identität und Intimität und unterschiedliche Vorstellungen und kulturelle Erfahrungen in die Beziehung einbringen.

---

21 Seiffge-Krenke I, Burk WJ (2013)
22 Nieder T, Seiffge-Krenke I (2001)
23 Seiffge-Krenke I (2003)

Diversität in Liebesbeziehungen

Ich habe mit einem kurzen Blick in die Geschichte begonnen. Wenn wir nur die letzten 60 Jahre betrachten, so hat sich in den Partnerbeziehungen Erwachsener zwar eine deutliche Paarbindung, aber auch hohe Diversität gezeigt. In der Literatur werden verschiedene Varianten von Autonomie und Verbundenheit beschrieben[24] und insbesondere bei emanzipierten Paaren findet man viele verschiedene Formen, die sowohl polyamoröse Paarbeziehungen umfassen, aber auch solche, bei denen Paare eng verbunden sind, aber getrennt leben und Beziehungen auf große Distanz gepflegt werden.[25] Allerdings war die Paarbindung immer sehr deutlich.

Bei den geschilderten Partnerbeziehungen junger Erwachsener war dagegen ein sehr einheitliches Ergebnis, dass über einen Zeitpunkt von etwa zehn Jahren sexuelle Beziehungen eingegangen wurden, eine Paarbindung aber definitiv nicht gewünscht wurde -- und dies bei einer sehr großen Anzahl unverbindlicher sexueller Beziehungen. Dies überrascht zunächst, weil es offenkundig einen Entwicklungsprozess, der in der Adoleszenz begonnen wurde, nicht fortsetzte. Wie wir gesehen haben, ist die Paarbindung mit hoher Intimität ein Lernprozess, der erst nach längerer romantischer Erfahrung erfolgt. Die Beziehungen in der Spätadoleszenz können eng und längerdauernd sein, die Balance zwischen Autonomie und Verbundenheit ist aber noch nicht optimal. Konzeptionell wäre zu erwarten, dass, nachdem im Jugendalter bereits eine Entwicklung zur Paarbildung eingesetzt hat, junge Erwachsene auf diesem Weg weiter Fortschritte machen und sich auf dauerhafte Beziehungen einlassen, die durch Intimität, die Fähigkeit, mit den Unterschieden der anderen umzugehen, und Engagement für eine langfristige Beziehung gekennzeichnet sind.[26] Das scheint aber nicht der Fall zu sein. Um dieses Phänomen besser verstehen zu können, haben wir einen Blick auf den Entwicklungsprozess der Paarbildung in der Adoleszenz

---

24 Gellhorn M (2007)
25 Marko G (1995)
26 Shulman S et al. (2006)

geworfen, denn hier zeigen sich eindrucksvolle Veränderungen sowohl in der Häufigkeit als auch in der Qualität von den Anfängen romantischer Aktivität bis zur Paarbildung. Das unverbindliche Explorationsverhalten vieler junger Erwachsener ist aber auch vor dem Hintergrund emanzipatorischer Entwicklungen (z. B. Loslösung von klassischer Rollenverteilung zwischen Mann und Frau), der sexuellen Revolution (bspw. tolerantere Sexualmoral, Akzeptanz vorehelicher sexueller Erfahrungen und von Kohabitation) und der Verbreitung individualistischer Wertesysteme (z. B. Bedeutung von Selbstverwirklichung) zu sehen. Hinzu kommen Faktoren wie verlängerte Schul- und Ausbildungszeiten mit einem entsprechenden Anstieg des durchschnittlichen Heiratsalters, späteren Berufseintritts und späteren Elternwerdens, die eine ausgedehnte Exploration im Bereich Beruf und Partnerschaft ermöglichten und die finanzielle Absicherung für eine verlängerte und qualitativ veränderte Identitätsentwicklung – mit entsprechenden Konsequenzen für die Intimitätsentwicklung – ermöglichten und förderten. Hier haben wir gesehen, dass Frauen deutlich aufholen und explorative Strategien nicht mehr länger ein Privileg von Männern sind.

Aber auch Überlegungen zur Koordination von Partnerbeziehungen mit individuellen Lebensplänen sind in Betracht zu ziehen. Um die Muster der »Nicht-Beziehungen« besser zu verstehen, muss man sich klarmachen, dass junge Menschen vor ernsthaften Dilemmata stehen, wenn es darum geht, Karriere und romantisches Leben zu koordinieren.[27] Einerseits verfügen sie über die Fähigkeiten und Erfahrungen, um sich für eine Beziehung zu engagieren, müssen jedoch gleichzeitig über akademische, wirtschaftliche und finanzielle Anforderungen verhandeln. Das Aushandeln zwischen individuellen Bedürfnissen, die sich auf die berufliche Entwicklung konzentrieren, und dyadischen Bedürfnissen, die sich auf romantisches Engagement konzentrieren, ist komplex und zeitaufwändig. Bis diese Koordination erreichbar ist, scheinen junge Menschen eher das romantische Engagement zu verschieben und gehen stattdessen ungezwungene nicht-romantische und sexuelle Beziehungen ein, die eine Verbindung zu einer anderen Person herstellen,

---

27 Shulman S, Connolly J (2013)

aber keine »Arbeit« oder Verpflichtung erfordern. Um dieses Muster des (Nicht-)Engagements zu rechtfertigen, berichten junge Erwachsene von Bedenken, dass sie beruflich oder studienbedingt zu beschäftigt für ein Engagement oder zu jung seien, um sich zu binden[28], und dass diesbezüglich auch Mobilität von ihnen verlangt wird.

Es sind aber auch Einflüsse des veränderten Beziehungsverhaltens zwischen Eltern und ihren erwachsenen Kindern zu bedenken. Ein nicht unerheblicher Prozentsatz junger erwachsener Patienten erlebt die Semiautonomie von ihren Eltern als problematisch, sie beschreiben die Beziehungen zu ihren Eltern als zu eng, bedrängend, intrusiv. Diese Eltern, die selbst unter Separationsangst leiden, sich also schlecht von ihren erwachsenen Kindern trennen können und sie als Selbstobjekt brauchen, versuchen durch Druck und intrusives Verhalten Einfluss auf die Entwicklung ihrer Kinder zu nehmen, mit sehr negativen Folgen (»Eltern als Identitätsbremse«).[29]

Das Selbstverwirklichung und Autonomie, also der Selbstbezug, so im Vordergrund stehen bei jungen Erwachsenen, ist aber nicht nur der Entwicklungsdynamik dieser Phase und den veränderten Eltern-Kind-Beziehungen geschuldet, sondern vielfach auch ein Abbild der gesellschaftlichen Entwicklungen. Die Geschlechtsunterschiede sind weitgehend verschwunden, wir können also nicht mehr länger mit der angeblich größeren Bindungsangst der Männer als Ursache für diese Muster argumentieren.[30] Allerdings besteht ein Zusammenhang zwischen dem Niedergang der Bezogenheit, der Verbindlichkeit, und der gewachsenen individuellen Freiheit, Bindungen einzugehen und zu beenden. Illouz sieht allerdings zu Recht kritisch, dass Intimität als der normale, gesunde Zustand gesehen wird und hat auch den kühlen Hedonismus bei der Suche nach Partnern beschrieben. Es ist aber auch kritisch zu hinterfragen, ob es bei der sexuellen Exploration bei aller berechtigten Gleichstellung nicht auch zu einer Nachahmung von Machtattributen der Männlichkeit gekommen ist. Keine Frage – Freiheit und Autonomie

---

28 Lyons HA et al. (2014)
29 Seiffge-Krenke I, Escher FJ (2018)
30 Illouz E (2013)

sind Güter der Moderne. Ich hoffe nur, dass die Bezogenheit nicht ganz auf der Strecke bleibt.

Literatur

Arnett JJ (2015) Emerging adulthood: The winding road from the late teens through the twenties. New York: Oxford University Press.

Erikson EH (1976) Identität und Lebenszyklus. Frankfurt a. M.: Suhrkamp.

Gellhorn M (2007) Paare. Frankfurt: Fischer.

Hazan C, Shaver P (1987) Romantic love conceptualized as an attachment process. Journal of Personality and Social Psychology, 52, 511–524.

Hu Y, Xu Y, Tornello S L (2016) Stability of self-reported same-sex and both-sex attraction from adolescence to young adulthood. Archives of Sexual Behavior, 45(3), 651–659.

Illouz E (2013). Warum Liebe weh tut. Frankfurt a. M.: Fischer.

James-Kangal N, Whitton, SW (2019) Conflict management in emerging adults »nonrelationships«. Couple and Family Psychology: Research and Practice, 8 (2), 63–76.

Kroger J, Martinussen M Marcia JE (2010) Identity status change during adolescence and young adulthood: A meta-analysis. Journal of Adolescence, 33, 683–698.

Lyons HA, Manning WD, Longmore MA, Giordano PC (2014) Young adult casual sexual behavior: Life-course-specific motivations and consequences. Sociological Perspectives, 57(1), 79.

Manago AM, Taylor T, Greenfield PM (2012). Me and My 400 Friends: The Anatomy of College Students' Facebook Networks, Their Communication Patterns, and Well-Being. Developmental Psychology.

Marko G (1995) Schreibende Paare. Zürich: Artemnis & Winkler.

Moreira H, Halkitis PN, Kapadia F (2015) Sexual identity development of a new generation of emerging adult men: The P18 cohort study. Psychology of Sexual Orientation and Gender Diversity, 2(2), 159–167.

Nieder T, Seiffge-Krenke I (2001) Coping with stress in different phases of romantic development. Journal of Adolescence, 24, 297–311.

Precht RD (2009) Liebe – ein unordentliches Gefühl. München: Goldmann.

Seiffge-Krenke I (2003) Testing theories of romantic development from adolescence to young adulthood: Evidence of a developmental sequence. International Journal of Behavioral Development, 27, 519–531.

Seiffge-Krenke I (2022) Therapieziel Identität (2. Aufl.). Stuttgart: Klett- Cotta.

Seiffge-Krenke I (2017) Psychoanalyse des Mädchens. Stuttgart: Klett- Cotta.

Seiffge-Krenke I (2021) Der ganz normale Narzissmus im Jugendalter und im »emerging adulthood«. In: Döring S et al. (Hrsg) Narzissmus. Stuttgart: Schattauer, 435–454

Seiffge-Krenke I (2022) Perspektivenwechsel: Der weibliche Blick auf die männliche Erotik. In: Franz M, Karger A (Hrsg) Männliche Erotik. Göttingen: Vandenhoeck & Ruprecht.

Seiffge-Krenke I, Gelhaar T (2006) Entwicklungsregulation im jungen Erwachsenenalter: Zwischen Partnerschaft, Berufseinstieg und der Gründung eines eigenen Haushalts. Zeitschrift für Entwicklungspsychologie und Pädagogische Psychologie, 38, 18–31.

Seiffge-Krenke I, Burk WJ (2013) Friends or lovers? Person- and variable-oriented perspectives on dyadic similarity in adolescent romantic relationships. Journal of Social and Personal Relationships, 30, 711–733.

Seiffge-Krenke I, Beyers W (2016) Hatte Erikson doch recht? Identität, Bindung und Intimität bei Paaren im jungen Erwachsenenalter. Psychotherapeut 61, 16–22.

Seiffge-Krenke I, Escher FJ (2018) Was ist noch »normal«? Mütterliches Erziehungsverhalten als Puffer und Risikofaktor für das Auftreten von psychischen Störungen und Identitätsdiffusion. Z Psychosom Med Psychother 64, 128–143.

Seiffge-Krenke I, Shulman S (2020) Sind sexuelle Aktivitäten in der Adoleszenz für zukünftige Partnerbeziehungen gut? Zeitschrift für Psychosomatische Medizin und Psychotherapie, 22(2), 193–207.

Shulman S, Connolly J (2013) The challenge of romantic relationships in emerging adulthood: Reconceptualization of the field. Emerging Adulthood, 1(1), 27–39.

Shulman S, Seiffge-Krenke I, Ziv I, Tuval-Mashiach R (2019) Patterns of romantic pathways among 23-year olds and their adolescent antecedents. Journal of Youth and Adolescence, 48(7), 1390–1402.

Shulman S, Tuval-Mashiach R, Levran E, Anbar S (2006) Conflict resolution patterns and longevity of adolescent romantic couples: A 2-year follow-up study. Journal of Adolescence, 29(4), 575–588.

Sumtera SR, Vandenbosch L, Ligtenberg L (2017) Love me Tinder: Untangling emerging adults' motivations for using the dating application Tinder. Telematics and Informatics, 34, 67–78.

Autonomie und Bezogenheit im höheren Lebensalter

Gabriela Stoppe

Einleitung

Dieser Beitrag ist in der Zeit der Corona-Pandemie verfasst worden. Einige Aspekte des Themas sind gerade durch die Pandemie neu beleuchtet worden, gewissermaßen wie unter einem Brennglas. Es wurde über die Isolation der besonders gefährdeten alten Menschen gesprochen, die insbesondere in den Heimen gezwungen wurden, z. B. ihr Essen allein im Zimmer einzunehmen. Politiker sagten, dass niemand alleine sterben sollte, und Pflegekräfte aus Altenpflegeheim beschrieben, dass sie Mühe haben, den Demenzkranken die Hygieneregeln beizubringen. Das von mir und einer Arbeitsgruppe von Public Health Schweiz kurz vorher publizierte Positionspapier »Psychische Gesundheit in Alters- und Pflegeheimen«, schien Problemfelder zu beschreiben, die unter dem Druck der Veränderungen nicht relevant schienen, was jedoch gerade nicht stimmt.[1] Die Auseinandersetzung mit der Pandemie und den getroffenen Maßnahmen führte auch zu Stellungnahmen aus der ethischen Perspektive, die die Stimmen der Humanität stärken sollten und wollten.[2]

Es gab – insbesondere zu Beginn der Pandemie – Stimmen, die argumentierten, dass es doch um ein paar Alte am Ende des Lebens nicht schade wäre und dass man doch nicht alles herunterfahren könne, um diese Menschen, die doch ihr Leben schon hinter sich hätten, zu schützen. Diese durchaus ageistischen Haltungen[3] verschwanden. Seitdem Impfstoffe

---

1 Public Health Schweiz (2019)
2 Ackermann S (2020)
3 WHO Ageismus

verfügbar sind, sieht man, dass gerade die Alten von diesen und dem »Boostern« mehr Gebrauch machen als jüngere Altersgruppen.

Bei mir in der Praxis saßen Großeltern, die entsetzt und traurig darüber waren, dass ihre Kinder Ihnen die Enkel nicht mehr zum Hüten gaben. Es kamen auch einige nicht, weil sie eine Infektion fürchteten. Andere bestanden auf einem Praxisbesuch, weil der Termin bei mir der einzige Kontakt in der Woche sei. Was an diesen ersten Erfahrungen schon auffiel, war, dass die alten Menschen überhaupt nicht gefragt wurden, was *ihre* Priorität ist. Die Haltung »Wenn mich jemand anstecken darf, dann mein Enkelkind!« fand kaum Akzeptanz.

Heute wissen wir über Corona, dass das Virus für die Alten mit ihrer größeren körperlichen Verletzlichkeit gefährlicher ist und dass es den Jüngeren offensichtlich weniger anhaben kann, nicht was Infektionen angeht, sondern die Schwere der Verläufe. Erst mit etwas Verspätung – zumindest öffentlich – erkennen wir, dass es bei der psychischen Widerstandskraft genau anders herum zu sein scheint bzw. ist.[4] Wir sehen zunehmend Krisen bei den jungen Menschen. Wir sind alarmiert von steigenden Suizidversuchs- und Suizidraten oder Essstörungen, von familiärer Gewalt ganz zu schweigen.

In der Pandemie haben die Demenzkranken besonders gelitten. Zum einen reagierten sie oft schwer auf eine Infektion, zum anderen konnten sie die Maßnahmen nicht verstehen und litten an der Isolation und Berührungsarmut. Die Sterblichkeit der Demenzkranken ist deutlich erhöht.[5]

Selbstbestimmung im Alter als hohes Gut

Die Autonomie und Bezogenheit im Alter sind Themen, die sehr viel in der Öffentlichkeit bewegt werden. Von den entsprechenden Interessen-

---

4 Hossain M (2020)
5 Numbers K, Brodaty H (2021)

verbänden gibt es regelmäßig Publikationen zum Erhalt der Autonomie, Mobilität und geistigen Frische im Alter. Schließlich wird im Augenblick die Generation der Babyboomer alt. Diese Generation hat es geschafft, dass ihre Themen in der öffentlichen Diskussion dominieren, und man darf gespannt sein, wie der gesellschaftliche Blick auf das Alter nach dem »Durchlauf« dieser Generation aussehen wird. Einige sprechen von einer anstehenden »Entgeriatrisierung«. In der Medizin wird schon lange propagiert: lebe länger, sterbe schneller![6]

In keinem Lebensalter ist die Autonomie so bedroht, zumindest der Teil, der die Selbständigkeit und die kognitive Intaktheit betrifft. Bei diesen Bedrohungen geht es um die körperlichen Veränderungen im Alter und insbesondere die Demenzerkrankungen. Die große Angst vor der Heimeinweisung hängt damit zusammen und auch das Thema des selbstbestimmten Todes.

Zu beachten ist, dass wir selbstbestimmt handeln können, auch wenn wir nicht mehr selbstständig sind. Insofern wird Autonomie im Alter deutlich in ihren Kontexten, genauso wie übrigens auch die Würde oder die Urteilsfähigkeit. Aber gerade im Alter und in der Öffentlichkeit sehen wir, dass das Streben nach Autonomie die Qualität von Besessenheit annimmt und dass es in gewissen Lebensbereichen fast so etwas wie einen »Zwang« zur Selbstbestimmung gibt. Die Patienten bzw. Klientinnen sollen selbst entscheiden. Dagegen ist nichts zu sagen und auch nichts gegen das dafür empfohlene »Shared decision making«.[7] Aber es bleibt zwischen dem hilfesuchenden Kranken und dem Experten eine Asymmetrie. Und auch Festlegungen in Testamenten und Patientenverfügungen sind nicht frei von der Beziehungssituation der verfügenden Person einerseits und ihren Vorstellungen von dem, was auf sie zukommt, andererseits. In einer unselbständigen Situation besteht immer eine Abhängigkeit von Hilfe und Helfenden.[8] Und nicht selten stellen Patientinnen nach der gesamten – oft schriftlichen – Aufklärung die für sie wichtige Frage: »Wie würdest Du, die Ärztin, der ich vertraue, in dieser Situation entscheiden, was würdest Du Deiner Mutter

---

6 Fries J (2000)
7 Stiftung Gesundheitswesen
8 Peisah C (2009)

oder Deinem Vater empfehlen?« Und zuletzt: Es gibt auch den Wunsch, nicht selbst entscheiden zu müssen, der respektiert werden muss.

Heutzutage werden Vorsorgeverfügungen sehr empfohlen. Wir sollen entscheiden, ob und welche Gesundheitsdienstleistungen wir noch wollen, wenn wir dereinst in die Lage kommen, nicht mehr selbst entscheiden zu können. Kritiker sagen, dass es eine Hidden Agenda gibt, dass hier auch Leistungen freiwillig abgewählt werden. Andererseits sind Familienangehörige und gesetzliche Vertreter oft froh, wenn eine Verfügung vorliegt. Moderne Gesetze regeln genau die Vertretungsrechte. Ein Beispiel im nachfolgenden Kasten zeigt das relativ neue Kindes- und Erwachsenenschutzrecht der Schweiz:

Reihenfolge der Vertretungsberechtigung in der Schweiz (Art. 378 ZGB, Vertretungskaskade)

Das Selbstbestimmungsrecht der vertretenen Person geht allen andern Vertretungsrechten vor. Dies bedeutet, dass an erster Stelle die in einer Patientenverfügung und einem Vorsorgeauftrag bezeichnete Person zur Vertretung berechtigt ist (siehe 6.).

An zweiter Stelle liegt die Vertretungsbefugnis bei einem von der Kindes- und Erwachsenenschutzbehörde mit Vertretungsrecht bei medizinischen Massnahmen beauftragten Beistand.

An dritter Stelle steht den nahen Angehörigen das Vertretungsrecht von Gesetzes wegen zu. Ausschlaggebend ist die Nähe der Beziehung. Das Vertretungsrecht setzt eine gelebte Beziehung voraus und verlangt, dass der betroffenen Person regelmässig und persönlich Beistand geleistet worden ist. Kommen mehrere Personen in Frage, bestimmt das Gesetz folgende Reihenfolge:

1. Ehegatte oder eingetragene Partner, sofern er mit der betroffenen Person einen gemeinsamen Haushalt führt oder ihr regelmässig persönlich Beistand leistet.
2. Konkubinatspartner und Personen in Verantwortungsgemeinschaft (z. B. Wohngemeinschaft zweier Freunde), sofern diese mit

der betroffenen Person einen gemeinsamen Haushalt führt und ihr regelmässig und persönlich Beistand leistet.
3. Nachkommen, sofern sie der betroffenen Person regelmässig und persönlich Beistand leisten.
4. Eltern, sofern sie der betroffenen Person regelmässig und persönlich Beistand leisten.
5. Geschwister, sofern sie der betroffenen Person regelmässig und persönlich Beistand leisten[9]

Historische Herausforderung

Wir dürfen nicht vergessen, dass wir historisch gesehen jetzt erstmals diese Erfahrung machen: Nie wurde ein so grosser Teil der Bevölkerung so alt wie heute, und nie konnte er das auch in so guter Gesundheit tun. Das ist das Ergebnis des kulturellen Fortschrittes, wenn wir hierzu unsere Lebensbedingungen (Hygiene, Sicherheit), Ernährung und den medizinischen Fortschritt zählen. Aktuell wird die Zunahme der Lebenserwartung häufig als Last gesehen, was mit Begriffen wie »Überalterung« auch ausgedrückt wird. Dabei scheint mit Blick auf die Bevölkerungspyramide der Begriff »Unterkinderung« vielleicht zutreffender.

Dabei ergeben sich auch Chancen. So könnten die Rentensysteme zukunftstauglich gemacht werden, ebenso wie die Arbeitswelt. Und auch das Zusammenleben der Generationen kann und wird sich ändern.

Das Ziel ist nun das optimale, erfolgreiche und gesunde Altern. Damit das gelingt, haben die Vereinten Nationen soeben die Dekade des gesunden Alterns begonnen[10]

---

9 Stiftung Pro Menta Sana (2015), S. 26
10 WHO Healthy Ageing

Veränderungen mit dem Alter

Was versteht man unter diesem erfolgreichen Altern auf der uns hier interessierenden psychologischen Ebene? Baltes & Baltes entwickelten in den 90er Jahren des letzten Jahrhunderts das Modell erfolgreichen Alterns.[11] Die wesentlichen Mechanismen werden als *Selektion, Optimierung* und *Kompensation* bezeichnet.[12]

Mit der Selektion ist gemeint, dass man sich einschränkt auf weniger Aktivitätsbereiche, insbesondere die, die für Funktion und Selbstständigkeit am besten geeignet sind. Diese nun ausgewählten Bereiche müssen durch größere zeitliche, psychische oder physische Investitionen mehr gepflegt und damit optimiert werden.

Mit der Kompensation ist gemeint, dass Aktivitäten, die nicht mehr ausgeführt werden können, durch andere, die leichter fallen, ersetzt werden sollen. In der weiteren Diskussion dieses Konzeptes kam hinzu, dass auch die Kompetenz, sich helfen zu lassen, also Hilfe anzunehmen, als eine Art von Kompensation verstanden werden kann. Dies gelingt umso leichter, wenn es in eine reziproke Beziehung eingebunden ist. Dann wenn die Hilfe empfangende Person anderen in anderen Bereichen helfen kann, ist es leichter, selbst Hilfe anzunehmen. Unterstützt wird die Anpassung an altersassoziierte Veränderungen auch durch den Vergleich z. B. in der eigenen Altersgruppe. Wenn man merkt, dass es anderen ähnlich oder schlechter geht. Auch der Vergleich mit den eigenen Erwartungen spielt eine Rolle. Manche haben sich das Alter »schlimmer« vorgestellt. Wer mit seinem bisherigen Leben zufriedener ist, kann Verluste leichter ertragen. Und wer im Leben schon manche Krisen gemeistert hat, also eine gewisse Bewältigungskompetenz erworben hat, hat auch weniger Mühe damit. Letztendlich ist aber auch klar, dass es Konstellationen gibt, die diese Bewältigungsprozesse an ihre Grenzen führen. Andererseits ist dieser Adaptationsprozess auch in anderen Altersgruppen sinnvoll, wenn Einschränkungen, z. B. erworbene Behinderungen, zu verarbeiten sind.

---

11 Baltes PB, Baltes MM (1990)
12 Staudinger UM, Schindler I (2008)

Wie komplex all das ist, zeigen Ergebnisse der *Berliner Altersstudie*.[13] In ihr wurde untersucht, inwieweit die basale und erweiterte Kompetenz, d.h. die Fähigkeit, sich selbst zu versorgen (Waschen, Essen etc.) und auch die, den Haushalt zu organisieren (Telefonieren, Geldgeschäfte etc.) vom Alter abhängen. Dabei fand sich, dass das Alter nur indirekt Einfluss nahm. Direkt mit diesen Kompetenzen hing die Beweglichkeit, speziell Gleichgewicht und Gang, die fluide Intelligenz, die Persönlichkeit und das Vorhandensein einer Depression zusammen. Das Alter hatte einen starken Einfluss auf die fluide Intelligenz und auf Gangbild und Gleichgewicht. Der Einfluss des Alters auf die Depressivität war jedoch nicht sehr ausgeprägt. Der wesentliche Einflussfaktor für Depressivität im Alter war die körperliche Gesundheit.

Eine Rolle spielte auch der sozioökonomische Status, der insbesondere mit Intelligenz und Persönlichkeit zusammenhängt. Hier ist zu vermuten, dass der sozioökonomische Status lebenslang mit anderen körperlichen Belastungen, aber auch Möglichkeiten der Gesundheitsfürsorge einhergeht. Auch kann davon ausgegangen werden, dass eine intelligentere und gesündere Persönlichkeit auch sozioökonomisch eher erfolgreich ist. Inwieweit speziell das Gesundheitsbewusstsein bzw. die Gesundheitskompetenz wichtig sind, wurde damals nicht untersucht. In Hinblick auf ein gesundes Alter kann daraus abgeleitet werden, dass es darum geht, in die Persönlichkeitsentwicklung zu investieren, die fluide Intelligenz und auch Gleichgewicht und Gang möglichst lange zu erhalten bzw. zu trainieren.

In Anbetracht der möglichen Gefährdungen sagen viele Menschen beim Blick in die Zukunft: Lass uns das machen, solange es noch geht. Dies ist ein typischer Satz im Alter, der klugerweise auch die Unberechenbarkeit des Lebens mit aufnimmt. Die Auseinandersetzung mit dem körperlichen Altern ist aus Sicht der psychoanalytischen Altersforscher der Organisator der Entwicklung.[14] Und wir sehen immer wieder Menschen, die mit dieser Entwicklungsaufgabe gut und andere, die weniger gut damit fertigwerden.

---

13 Mayer K (1996), Lindenberger U (2009)
14 Heuft G, Kruse A, Radebold H (2006)

Der körperliche Alterungsprozess betrifft bei Mensch und Tier alle Organsysteme – individuell sehr verschieden – mit der Folge von Polypathie und Multimorbidität. Es geht um Veränderungen am Herz, an den Gelenken und Knochen, es geht um die Muskelkraft, die Augen, die Ohren, das Hirn. Und es kommt zu Verschiebungen im Stoffwechsel.[15] Die zugrundeliegenden Prozesse werden inzwischen in der biologischen Forschung immer besser verstanden. Klar ist, dass es keine spezifischen Gene gibt, die den Alterungsprozess an sich steuern. Relevant für die Alterung sind Gene, die die *Reparaturprozesse* regulieren.

In der Auseinandersetzung des Körpers mit der Umwelt kommt es immer wieder zu Traumatisierung oder Mangelzuständen, die der Organismus auszugleichen versucht. Hierbei kommt es nicht zu 100-prozentigen Reparaturen. Man geht davon aus, dass die Kumulation dieser »suboptimalen« Reparaturprozesse den Alterungsprozess voranschreiten lässt.[16] Die individuelle Disposition entscheidet dann, welche Organsysteme zuerst oder stark betroffen sind. Diese Veränderungen nun aufzuhalten oder ihnen vorzubeugen bedeutet, die Reparaturprozesse zu entlasten.

Vor diesem Hintergrund wird zum Beispiel bei der Ernährung diskutiert, den Gehalt an Antioxidantien zum Beispiel durch einen ausreichenden Konsum roter Früchte hochzuhalten. Die Mittelmeerdiät konnte zeigen, dass sie Alterungsprozesse insgesamt, aber auch spezifische altersassoziierte Erkrankungen wie zum Beispiel Demenzen etwas verzögern hilft. Im Weiteren ist ein regelmäßiges Training bzw. Bewegung sinnvoll, um Muskulatur und Gelenke zu erhalten. Es geht aber auch um die Belastung der Ohren durch zu viel Krach, die zu einer schnelleren Entwicklung von Hörstörungen beiträgt.[17] Es ist wichtig, ein Leben lang sorgfältig mit dem Organismus umzugehen und auch seinen Bedürfnissen zu folgen. Damit belegt auch die biologische Forschung den Sinn einer achtsamen Lebensweise.

Auf der psychologischen Ebene wird beschrieben, dass die Hirnleistungsgeschwindigkeit, die Kapazität des Kurz- und Arbeitsgedächtnisses

---

15 Kirkwood TB, Austad SN (2000)
16 Kirkwood TB, Austad SN (2000)
17 Livingston et al. (2017, 2020)

und auch die gedankliche Flexibilität abnehmen, während das Wissen zunimmt. Diese Ergebnisse wurden mehrheitlich aus Querschnittsstudien gewonnen. Längsschnittstudien zeigen jedoch inzwischen auf, dass das Altern sehr variabel verläuft und Stabilität wie Abbau beobachtet werden können.[18] Die Veränderungen der Persönlichkeit sind ebenfalls durch eine Mischung aus Kontinuität und Wandel gekennzeichnet. Kulturelle Einflüsse scheinen groß zu sein, und die Lebenssituation bzw. das gelebte Leben auch. Insgesamt nehmen jedoch reifere adaptiv-lernbasierte Verarbeitungsformen zu, impulsive und projektive Reaktionsformen nehmen ab.[19]

Der Einsatz von technologischen Möglichkeiten soll helfen, die Einschränkungen im Alter zu mindern. Immer bessere Hörgeräte, Sehilfen, Fortschritte bei der Behandlung altersassoziierter Makuladegeneration bzw. des Glaukoms bedeuten einen großen Fortschritt. Nicht wenige profitieren inzwischen von Gelenkersatz, nicht nur der Hüften, sondern zunehmend auch der Knie und Schultern, und von Gehhilfen. Auch die Haushaltstechnologien sind zu nennen. So gibt es Notrufsysteme und Haushalte, die durch den Einsatz von Sensoren das Alleinleben erleichtern. So kann über einen Sensor am Bett die Beleuchtung des Weges zur Toilette ausgelöst werden. Die technischen Möglichkeiten erlauben aber auch, dass die Einnahme der Medikation kontrolliert wird oder auch der Kühlschrankinhalt ergänzt wird. Und wir alle kennen die nette Werbung für den Treppenlift. In der Fachwelt wird der Begriff des »Ambient Assisted Living« verwendet.

In einer kollektiv alternden Gesellschaft ist es nachvollziehbar, dass sich jetzt auch ein Markt entwickelt, der nicht nur Technologie und Kosmetik, sondern auch die Medizin betrifft. Und doch ist es letztendlich ein altes Thema, denkt man an den Jungbrunnen oder auch die Frischzellenkur. Viel Geld fließt inzwischen in pharmazeutische Unternehmen, die Möglichkeiten, das Altern zu verlängern bzw. zu verzögern, untersuchen.

---

18 Sanchez-Izquierdo M, Fernandez-Ballesteros R (2021)
19 McAdams DP, Olson BD (2010); Stephan Y et al. (2016); Chopik WJ, Kitayama S (2018)

Einsamkeit als Herausforderung

Untersuchungen weltweit zeigen eine U-förmige Beziehung zwischen Alter und Einsamkeit, d. h. die Jungen und die Alten sind besonders betroffen. Das Thema Einsamkeit hat in den letzten Jahren viel Aufmerksamkeit bekommen, in Großbritannien entstand sogar ein eigenes Ministerium. In Irland wünscht man »An Ireland without loneliness«. Es gibt einen Unterschied zwischen Einsamkeit und fehlender sozialer Integration, wobei beides auch zusammen vorkommen kann. Einsamkeit ist subjektiv und hängt stark mit der psychischen Gesundheit zusammen. Einsamkeit scheint auch stigmatisiert zu sein. Fehlende soziale Integration hingegen ist messbar – man kann zum Beispiel die Anzahl der Kontakte und Telefonate erfassen. Es findet sich hier ein stärkerer Zusammenhang zur körperlichen Gesundheit und zur Verfügbarkeit von Ressourcen.[20]

Bezüglich der Infrastruktur geht es um Transportmittel, Wohnmöglichkeiten und den Zugang zu Kultur und Bildung. Es gibt noch Regionen, in denen am Wochenende kein Bus fährt. Es geht aber auch um inter- und Intragenerationelle Beziehungen zur Unterstützung. Es gibt vielfache Aktionen: An verschiedenen Orten gibt es ältere Menschen, die Fahrdienste für andere machen und sie zum Arzt und Friseur bringen. Es gibt auch spezifischere Formen der Freiwilligenarbeit, zum Beispiel im Bereich der Unterstützung des Spracherwerbs von Migranten oder der Entlastung von Angehörigen Demenzkranker. Viele Beteiligte freuen sich an dem damit verbundenen Kompetenzerwerb.[21] An vielen Orten finden sich auch Initiativen, die ein neues gesellschaftliches Miteinander in gelebter Solidarität in der Gemeinde fördern, zum Beispiel das Netzwerk Caring Communities.

---

20 Stoppe G (2015); Richard A et al. (2017)
21 Stoppe G (2009)

Demenz als Bedrohung von Autonomie

Einer meiner Patienten, der sich bezüglich einer Demenz Sorgen machte, sagte, er hätte keine Angst vor den grauen Haaren, und auch der körperliche Kraftverlust würde ihn nicht stören. Aber wenn der Kopf nicht mehr wolle, dann wollte er auch nicht mehr leben. Die Angst davor dement zu werden und damit Kontrolle und Autonomie zu verlieren, ist sehr bedrohlich –auch deshalb, weil wir Sorge haben, wie wir dann behandelt werden. Wenn ich sicher sein kann, dass ich gut und fachkundig und auch liebevoll bis zum Ende begleitet werde, muss ich mir nicht so viele Sorgen machen. Es geht also auch um ein Vertrauen in die tragenden Beziehungen und damit auch in die Stabilität unseres sozialen Systems.[22]

Die Weltgesundheitsorganisation hat schon 2012 die Demenz zur Public Health Priority gemacht. Dabei hat sie auf dem Titelbild nicht Menschen aus dem Westen gewählt, sondern aus Asien.[23] In der Tat ist es so, dass vor allen Dingen in den bevölkerungsreichen Ländern Indien und China der Anstieg an Demenzerkrankungen in den nächsten Jahrzehnten stärker sein wird als in den westlichen Ländern und Japan, die bereits jetzt eine alte Bevölkerung haben.[24] Auch heute noch ist der Hinweis nötig, dass die Demenz kein normales Altern ist, wenngleich die Häufigkeit und Neuerkrankungsrate mit dem Alter erheblich zunimmt, was vor allem auf die Hauptursache, die Alzheimerdemenz, zurückgeht. Die Kosten der Erkrankung fordern die Gesundheitssysteme heraus. Dabei sind die unmittelbaren medizinischen Kosten in Form von ärztlicher Behandlung und Medikation nur ein kleiner Teil. Der größere Teil ist der der Pflege und vor allen Dingen die bis jetzt immer noch zu wenig beachtete Leistung der betreuenden Angehörigen und Freunde. Es ist deshalb wichtig, dass insbesondere diese Unterstützungssysteme gestärkt werden, sowohl zeitlich als auch finanziell. Mit ent-

---

22 Stoppe G (2018)
23 WHO (2012)
24 WHO Facts (2022)

sprechender Unterstützung ist es möglich, dass Demenzkranke bis zu ihrem Tod im heimischen Umfeld bleiben.[25]

Dennoch werden die meisten Demenzkranken gegen Ende des Lebens in ein Pflegeheim gebracht, was dazu geführt hat, dass inzwischen zwei Drittel der Bewohner in Altenpflegeheimen demenzkrank sind.[26] Diese Zahlen zeigen, dass die lange ambulante Versorgung von Menschen, die keine Demenz haben, inzwischen recht gut gelingt. Dabei ist es eine familiäre, nachbarschaftliche und kollektive Aufgabe, auch die Angehörigen von Demenzkranken zu unterstützen. Ebenso gilt es, eine demenzfreundliche Gesellschaft zu fördern. Dabei können zum Beispiel verschiedene Initiativen wie die englischen »Dementia Friends« oder auch Filme (z. B. *Mein Vater, Iris, Honig im Kopf, Vergissmeinnicht*) beitragen. Die Betroffenen und ihre Angehörigen sollten so lange und so viel wie möglich in die Planung ihrer Belange miteinbezogen werden.

Von den Demenzerkrankungen entfallen etwa 70 % auf die Alzheimerdemenz. Diese ist auch verantwortlich für den exponentiellen Anstieg von Erkrankungshäufigkeit und Neuerkrankungsrate mit dem Alter. Bezüglich der Demenzhäufigkeit gab es in den letzten Jahren gute Botschaften. So kam eine Übersicht von 14 epidemiologischen Untersuchungen in Westeuropa, den USA, Japan und Nigeria zu dem Ergebnis, dass die Häufigkeit und Neuerkrankungsrate der Demenz abnahm oder zumindest stabil blieb. Kein einziger Risiko- oder Schutzfaktor konnte diese Veränderungen erklären. Die Autoren gingen jedoch davon aus, dass gesellschaftliche Veränderungen in diesen Ländern die kognitive Reserve und auch den Gesundheitszustand allgemein verbessert hatten.[27]

Nachdem es bis heute keine ursächliche Behandlung der Alzheimerdemenz gibt, fokussiert vieles auf die Prävention. Dass die Modifikation von Risikofaktoren einen erheblichen Einfluss haben kann, zeigte die Forschung im Bereich der gefäßbedingten vaskulären Demenzen. Die Neuerkrankungsrate konnte massiv reduziert werden allein durch eine bessere Einstellung des erhöhten Blutdrucks.[28] Die Hirnleistungsfähig-

---

25 Stoppe G (2018)
26 Hoffmann F et al. (2017); Bundesamt für Statistik (2017)
27 Wu Yt et al. (2017)
28 Hughes D et al. (2020)

keit im Alter hat demnach viel mit der kardiovaskulären Gesundheit zu tun.

Betrachtet man nun die Risikofaktoren der Alzheimerdemenz, so ist immer noch unklar, wie sie zum einen miteinander interagieren und zum anderen, wie sie in verschiedenen Lebensabschnitten wirksam werden. Sicher ist, dass die Bildung eine große Rolle spielt. Gerade im mittleren Lebensalter geht es um das Hören, die Behandlung der Hypertonie, Übergewicht, Rauchen, körperliche Inaktivität, Einsamkeit und weitere Faktoren. Eine internationale Arbeitsgruppe kam zu dem Ergebnis, dass 35 % der Risikofaktoren potenziell modifizierbar sind. 65 % bleiben nicht modifizierbar. Um 35 % zu reduzieren, müsste jeder gut gebildet sein und jeder gut hören können zum Beispiel. Dies wird so nicht zu erreichen sein. Insofern gilt heute, dass die Prävention der Demenzen in wesentlichen Teilen auch eine Prävention für ein gutes Alter ist. Auch mit der Gabe von Medikamenten konnte bisher keine Prävention erreicht werden.[29]

Wir dürfen nicht vergessen, dass die Demenzforschung an sich noch nicht alt ist. Die Untersuchungen umfassen eine bis zwei Generationen. In der Altersforschung sind Kohortenphänomene wichtig. Wir brauchen die Untersuchung an weiteren Kohorten, um beispielsweise den Einfluss von körperlicher und seelischer Gewalt und Trauma auf die Entwicklung einer Demenz zu erkunden. Das geschieht zum Beispiel in der Rheinlandstudie. Bisher vorliegende Studien zeigen, dass Gewalterfahrungen zu einem akzelerierten Altern führen[30] und dass Stress die Telomere verkürzt.[31]

Es ist keineswegs so, dass Demenzkrankheit nur Elend bedeutet. So berichtete mir eine demenzkranke Patientin, dass ihr Mann sie noch gern beim Singen auf dem Klavier begleitet und sie wie früher miteinander noch tanzen. Bei der Erzählung strahlt sie, und er lächelt. Der Mensch ist mehr als nur sein Gedächtnis, er hat Beziehungen, eine Vergangenheit und Gefühle. Die Kunst besteht darin, den Kranken im Umgang zu helfen, den Zugang bzw. die Verbindung dazu zu erhalten. Es

---

29 Livingston et al. (2017, 2020)
30 Sullivan J, Mirbahai L, Lord JM (2018)
31 Lin J, Epel E (2022)

gibt sehr verschiedene Zugangswege, auch den Humor. So hat man in Untersuchungen in Australien gezeigt, dass der Einsatz von Clowns in Einrichtungen der Demenzbetreuung nachhaltig wirkt.[32] Beide – Clowns und Demenzkranke – teilen eine gewisse Unvernunft.

Menschen, die mit einem Demenzkranken leben, wissen, dass es auch viel Freude und Nähe geben kann. Immer wieder finden sich Berichte darüber, dass erwachsene Kinder dem demenzkranken Vater oder Mutter vielleicht auch wieder näherkommen und sie anders erleben. Sehr schön hat dies Arno Geiger in seinem Buch *Der alte König in seinem Exil* beschrieben.[33] Dies wird auch ein Stück reflektiert in der medialen Auseinandersetzung. Dabei fällt auf, dass chronologisch ältere Filme wie *Mein Vater* oder *Iris* auf Schrecken und Verzweiflung fokussierten, während neuere Filme wie der anrührende Film *Vergiss mein nicht* von David Sieveking oder *Honig im Kopf*, in dem der von Dieter Hallervorden gespielte demenzkranke Großvater sich mit seiner Enkelin verbündet und schon kleine Hinweise darauf gibt, wie eine demenzgerechte Welt aussehen kann.

Zuletzt ist das Thema der zunehmenden oft krankheitsbedingten Unselbstständigkeit mit der Angst vor dem Pflegeheim verbunden. Durch den Aufbau ambulanter Hilfen hat sich die Situation in den Pflegeheimen in den letzten 20 Jahren massiv verändert. Heute ist die Demenz der Hauptgrund für eine Zuweisung in ein Pflegeheim. Zumindest in den Schweizer Heimen kommen die Menschen erst mit über 80 Jahren ins Pflegeheim und bleiben im Durchschnitt auch nur zwei bis drei Jahre dort, d. h. Altenpflegeheime sind dort Einrichtungen der Palliative Care.[34] Letztendlich sollten deshalb alle Altenpflegeheime demenzgerecht sein.[35] Spezielle Demenzabteilungen erscheinen so schon »gestrig«.

Demenz steht auch im Zentrum einer wichtigen Diskussion um Würde im höheren Lebensalter. Aus der ökonomischen wie auch aus der medizinischen Perspektive wurde immer wieder die Frage von Wür-

---

32 Brodaty H et al. (2014); Low LF et al. (2014).
33 Geiger A (2012)
34 Bundesamt für Statistik (2017)
35 Held C, Ermini-Fünfschilling D (2006)

de und der Wert von Menschen diskutiert, die von einer Demenz betroffen sind. Es wurde argumentiert, dass der schleichende Verlust vieler Grundeigenschaften wie etwa Intentionalität, Selbstständigkeit, Identität und soziale Eingebundenheit zu einem Verlust von Würde führe. Hierzu muss gesagt werden, dass ein solch empirisch bedingtes Würdeverständnis gerade die schwächsten Glieder der Gesellschaft, zu deren Schutz der Würdebegriff gedacht ist, leicht aus dem Schutzraum der Menschenwürde fallen lässt.[36]

Assistierter Suizid, Selbstbestimmung und Würde

Von Gelassenheit gegenüber dem Tod kann gegenwärtig nicht die Rede sein. Vielleicht auch deshalb, weil immer mehr Menschen noch nie jemanden haben sterben sehen. Die Bewegung für die Sterbehilfe hat in Deutschland seit dem Urteil des Bundesverfassungsgerichts für neue Wellen gesorgt. Die Sterbehilfe soll in einer liberalen Gesellschaft eine bis zum Schluss autonome Entscheidung auch über den Tod ermöglichen. In gewisser Weise haben die Palliativmedizin und Sterbehilfeorganisationen gemeinsam, dass sie den Menschen einen kontrollierbaren und angenehmen Tod versprechen.

Betrachtet man die Situation in der Schweiz, so findet sich ein Anstieg des assistierten Suizids im Laufe der Jahre und mit zunehmendem Lebensalter. Frauen wählen diese Form des Sterbens häufiger. Zahlen von *Exit deutsche Schweiz* zeigen einen Anstieg der Akteneröffnungen und auch der Freitodbegleitungen in den letzten Jahren um das Doppelte. Das Durchschnittsalter blieb relativ konstant zwischen 76 und 78 Jahren. Im gleichen Zeitraum stieg auch die Anzahl der Mitglieder der Organisation um das Doppelte.[37] Die Mitgliedschaft ist Voraussetzung für eine Freitodbegleitung.

---

36 Rüegger, H (2017)
37 EXIT Jahresberichte

Die meisten Personen werden zu Hause begleitet. In den Pflegeheimen findet Sterbebegleitung seltener statt. Die angegebenen zugrunde liegenden Erkrankungen waren in knapp 40 % der Fälle Krebserkrankungen, in etwa einem Viertel multiple körperliche Erkrankungen, in 4 % Morbus Parkinson, in 2% Demenz sowie chronische psychische Erkrankungen. Für Unruhe sorgte, als *Exit* vor kurzem beschloss, auch gesunde alte Menschen mit Lebensmüdigkeit begleiten zu wollen.[38]

Das wesentliche Motiv für den Gang zur Sterbehilfeorganisation ist die Idee, Abhängigkeit und Hinfälligkeit nicht ertragen zu können und den Tod selber gestalten zu wollen. Dabei ist die höchst subjektive Bewertung, was »unerträglich« ist, immer wieder Teil der Debatte. Es wird viel diskutiert, was der Motor hinter diesem Anstieg ist. So wird überlegt, ob die sehr nach Selbstverwirklichung trachtende Generation der Babyboomer möglicherweise diese Entwicklung vorantreibt. Es könnte aber auch sein, dass wir jetzt eine Entwicklung vor uns haben, die das Ende des Lebens ähnlich betrachtet wie den Anfang. So wurde früher die Abtreibungsdebatte sehr kontrovers geführt. Inzwischen gibt es im Kontext Schwangerschaft, Geburt und Kinderwunschbehandlung bis hin zur Leihmutterschaft sehr viele technologische Möglichkeiten und Interventionen, die akzeptiert werden, sozusagen Kinderwunsch und Geburt à la carte. Vielleicht sind wir jetzt auf dem Weg auch ein Sterben à la carte zu entwickeln? Dabei ist das Sterben im Vergleich zum Lebensanfang allerdings deutlich diverser und unberechenbarer.

Neuorientierung im Alter

Nachdem wir die Bedrohungen angeschaut haben, wollen wir ich jetzt wieder alle alten Menschen in den Blick nehmen. Auch im Alter leben die meisten Menschen in einer Partnerschaft. Verwitwung ist häufiger, jedoch nicht auf das Alter beschränkt. Gerade in alternden Paarbezie-

---

38 EXIT Freitodbegleitung

hungen geht es immer mehr darum, sich in Handicaps zu unterstützen und gemeinsam Wege zu finden. Oft entwickelt sich dadurch eine neue Vertrautheit und Nähe.

Für viele beginnt das Alter mit der Pensionierung. Wir sehen zunehmend, dass Menschen schon in ihren fünfziger Jahren ihren Arbeitsplatz verlieren und dadurch z. B. auch Renteneinbußen haben. Andere sehen zu, dass sie möglichst früh in den Ruhestand wechseln. Immer mehr Menschen sind wohl auch bereit, länger zu arbeiten. Es ist allen völlig klar, dass unsere Rentensysteme überarbeitet werden müssen. Was mich wundert ist, dass wenig Fantasien geäußert werden, wie ein längeres Arbeiten für die Bürger attraktiv gemacht werden könnte. So könnte nämlich die »Rush Hour« der mittleren Jahre ihren Stress verlieren. Wie wäre es zum Beispiel, erst zehn Jahre später mit der Arbeit aufzuhören und dafür die Wochenarbeitszeit im mittleren Erwachsenenalter zu reduzieren? Eine Stellschraube wäre auch der Urlaub. Menschen nach der Pensionierung wollen nicht ein ganzes Jahr Urlaub. Ihnen würden 2-3 Monate meistens genügen. Ich wünschte mir eine Politik, die Reformen anstößt, die diesen Namen verdienen.

Die meisten fühlen sich durch die Pensionierung befreit, entpflichtet und frei für die »Kür«. Aktuell sind die meisten gesund, können reisen, kümmern sich da und dort um die Enkelkinder und unternehmen viel, mit und ohne Freunde. Wie am Anfang schon ausgeführt, gelingt es mit dem technologischen Fortschritt, einschränkenden altersassoziierten Veränderungen noch eine Weile zu entkommen. Früher oder später kommen jedoch immer mehr Beeinträchtigungen zusammen; im hohen Alter, also über 80 Jahre, kann man ihnen kaum noch ausweichen.

Das Alter gestalten

Im hohen Lebensalter geht es spätestens auch um eine neue Orientierung, gewissermaßen jenseits der eigenen Existenz und des eigenen Lebens. Mitunter brechen in dieser Zeit bisher nicht verarbeitete Erlebnisse wieder durch, insbesondere Traumatisierungen. Gleichwohl will man noch gebraucht sein und vor allen Dingen in Beziehung stehen. Die Auseinandersetzung mit der Endlichkeit ist nicht mehr zu umgehen.

Wir müssen im Alter lernen, uns mit Beeinträchtigungen auseinanderzusetzen und mit ihnen umzugehen. Wir müssen aber auch lernen, dass wir manche Dinge nicht mehr allein machen können und Hilfe brauchen. Wie schon ausgeführt ist die Fähigkeit, sich Hilfe zu holen bzw. auch Hilfe zu akzeptieren maßgeblich für ein gelingendes und zufriedenes Alter. Die Art, wie ein Mensch mit seinen Handicaps umgeht, ob es ihm auch gelingt, humorvoll und gelassen die Einschränkungen hinzunehmen, wirkt auch auf die Umgebung zurück. In diesem Sinne hat Ingrid Riedel einmal von der Kunst der Abhängigkeit gesprochen.[39]

Erikson beschreibt in seinem Stufenmodell als Aufgabe für den letzten Lebensabschnitt, auf sein Leben zurückzublicken, anzunehmen, was man getan hat und geworden ist, und den Tod als sein Ende nicht zu fürchten. Angst vor dem Tod oder auch der Glaube, noch einmal leben zu müssen, um es dann besser zu machen, führen zur Verzweiflung. Setzt man sich in dieser Phase nicht mit Alter und Tod auseinander und spürt man nicht auch Verzweiflung dabei, so kann das zur Anmaßung und Verachtung dem Leben gegenüber führen – dem eigenen und dem aller anderen. Wird diese Phase jedoch erfolgreich gemeistert, erlangt man das, was Erikson Weisheit nennt – dem Tod ohne Furcht entgegensehen, sein Leben annehmen und trotzdem die Fehler und das Glück darin sehen können. Fixierung zeige sich in Abscheu vor sich und anderen oder in unbewusster Todesfurcht.[40]

Dass Verluste im Alter zunehmen, bedeutet jedoch nicht, dass es im Alter keine nennenswerten Gewinne gibt. Andreas Kruse verweist darauf, dass gerade im seelisch-geistigen Bereich erhebliche Gewinne möglich sind, von denen nicht nur die älteren Menschen selbst, sondern auch andere, jüngere Generationen profitieren können. Die Gewinne würden zum Teil durch Verluste angestoßen, die eine neue Perspektive

---

39 Riedel I (2015)
40 Erikson EH (1973)

auf uns selbst und die Welt eröffnen. Die Plastizität körperlicher und seelisch-geistiger Prozesse werde heute immer noch unterschätzt.[41] Leider finden sich in der Auseinandersetzung mit dem Alter Idealisierung und Entwertung. Idealisierung in der Zuschreibung von Reife und Weisheit, Entwertung in reiner Betrachtung der Defizite. Wünschenswert ist ein Blick auf das Alter voller Neugier und gleichzeitig mit Gelassenheit.

Literatur

Ackermann S, Baumann Hölzle R, Biller Andorno N, Krones T, Meier-Allmendinger D, Monteverde S, Rohr S, Schaffert-Witvliet B, Stocker R, Weidmann-Hügle, T (2020) Pandemie: Lebensschutz und Lebensqualität in der Langzeitpflege, Schweiz Ärzteztg, 101, 843–845.
Baltes PB, Baltes MM (1990. Optimierung durch Selektion und Kompensation. Ein psychologisches Modell erfolgreichen Alterns. Zeitschrift für Pädagogik 35, 85–105.
Brodaty H, Low LF, Liu Z, Fletcher J, Roast J, Goodenough B, Chenoweth L (2014) Successful ingredients in the SMILE study: resident, staff, and management factors influence the effects of humor therapy in residential aged care. Am J Geriatr Psychiatry, 22, 1427–1437.
Bundesamt für Statistik (2017) Statistik der sozialmedizinischen Institutionen 2015 – Standardtabellen, Zugriff am 07.04.2017 unter https://www.bfs.admin.ch/bfs/de/home/statistiken/gesundheit/gesundheitswesen.assetdetail.2121183.htmlBfS (2015):. Indikatoren der Pflegeheime. https://www.bfs.admin.ch/bfs/de/home/statistiken/gesundheit/gesundheitswesen/alterspflegeheime.assetdetail.350293.html
Chopik WJ, Kitayama S (2018) Personality change across the life span: Insights from a cross-cultural, longitudinal study, Journal of Personality. 86, 508–521.
Erikson EH (1973) Identität und Lebenszyklus. Frankfurt: Suhrkamp.
EXIT Jahresberichte, Zugriff am 02.01.2022 unter https://exit.ch/verein/jahresberichte/
EXIT Freitodbegleitung, Zugriff am 02.01.2022 unter https://exit.ch/freitodbegleitung/voraussetzungen-einer-freitodbegleitung/
Fries JF (2000) Compression of morbidity in the elderly. Vaccine. 2000, 18, 1584–1589.
Geiger A (2012) Der alte König in seinem Exil. München: dtv.
Held C, Ermini-Fünfschilling D (2006) Das demenzgerechte Heim – Lebensraumgestaltung, Betreuung und Pflege für Menschen mit Alzheimerkrankheit. Basel: Karger.

---

41 Kruse A (2017)

Heuft G, Kruse A, Radebold H (2006) Lehrbuch der Gerontopsychosomatik und Alterspsychotherapie. München, Basel: Ernst Reinhardt Verlag

Hoffmann F., Kaduszkiewicz H, Glaeske G, van den Bussche H, Koller, D (2014) Prevalence of dementia in nursing home and community-dwelling older adults in Germany. Aging Clin Exp Res, 26, 555–559.

Hossain MM, Tasnim S, Sultana A, Faizah F, Mazumder H, Zou L, McKyer ELJ, Ahmed HU, Ma P (2020) Epidemiology of mental health problems in COVID-19: a review. F1000Res. 9, 636.

Hughes D, Judge C, Murphy R, Loughlin E, Costello M, Whiteley W, Bosch J, O'Donnell MJ, Canavan M (2020) Association of blood pressure lowering with incident dementia or cognitive impairment: JAMA. 323, 1934–1944.

Kirkwood TB, Austad SN (2000) Why do we age? Nature. 408, 233–238.

Kruse A (2017) Lebensphase hohes Alter. Verletzlichkeit und Reife. Heidelberg: Springer.

Lin J, Epel E (2022) Stress and telomere shortening: Insights from cellular mechanisms. Ageing Res Rev. 73, 101507.

Lindenberger U, Smith J, Mayer KU Baltes PB (2009) Die Berliner Altersstudie. Berlin: De Gruyter Akademie Forschung; 3., erw. Edition

Livingston G, Sommerlad A, Orgeta V, Costafreda SG, Huntley J, Ames D, Ballard C, Banerjee S, Burns A, Cohen-Mansfield J, Cooper C, Fox N, Gitlin LN, Howard R, Kales HC, Larson EB, Ritchie K, Rockwood K, Sampson EL, Samus Q, Schneider LS, Selbæk G, Teri L, Mukadam N (2017) Dementia prevention, intervention, and care. Lancet, 390, 2673–2734.

Livingston G, Huntley J, Sommerlad A, Ames D, Ballard C, Banerjee S, Brayne C, Burns A, Cohen-Mansfield J, Cooper C, Costafreda SG, Dias A, Fox N, Gitlin LN, Howard R, Kales HC, Kivimäki M, Larson EB, Ogunniyi A, Orgeta V, Ritchie K, Rockwood K, Sampson EL, Samus Q, Schneider LS, Selbæk G, Teri l, Mukadam N (2020) Dementia prevention, intervention and care. Lancet. 396, 413–446.

Low LF,, Goodenough B, Fletcher J, Xu K, Casey AN, Chenoweth L, Fleming R, Spitzer P, Bell JP, Brodaty H (2014) The effects of humor therapy on nursing home residents measured using observational methods. Am Med Dir Assoc. 15, 564–569.

McAdams DP, Olson BD (2010) Personality development: continuity and change over the life course. Annu Rev Psychol. 61, 517–542.

Netzwerk Caring Communities, Zugriff am 13.01.2022 unter https://caringcommunities.ch/

Numbers K, Brodaty H (2021) The effects of the COVID-19 pandemic on people with dementia. Nat Rev Neurol. 17, 69–70.

Peisah C,, Finkel S, Shulman K, Melding P, Luxenberg J, Heinik J, Jacoby R, Reisberg B, Stoppe G, Barker A, Firmino H, Bennett H for the International Psychogeriatric Association Task Force on Wills and Undue Influence (2009) The wills of older people: risk factors for undue influence. Int Psychogeriatr, 2, 7–15

Rheinlandstudie, Zugriff am 12.01.2022 unter https://www.rheinland-studie.de.

Richard A, Rohrmann S, Vandeleur CL, Schmid M, Barth J Eichholzer M (2017) Loneliness is adversely associated with physical and mental health and lifestyle factors PLoS ONE, 12, e0181442.

Riedel I (2015) Lebensphasen Lebenschancen: Vom gelassenen Umgang mit dem Älterwerden. Munderfing: Fischer & Gann.

Rüegger H (2017) Der alte Mensch zwischen Würdeanspruch und Entwürdigung. Jahrbuch Diakonie Schweiz.

Sanchez-Izquierdo M Fernandez-Ballesteros R(2021) Cognition in Healthy Aging. Int J Environ Res Public Health. 18, 962.

SAMW – Schweizer Akademie der Medizinischen Wissenschaften, Zugriff am 14.01.2022 unter https://www.samw.ch/de/Ethik/Themen-A-bis-Z/Sterben-und-Tod.html.

Shannon OM, Ashor AW, Scialo F, Saretzki G, Martin-Ruiz C, Lara J, Matu J, Griffiths A, Robinson N, Lillà L, Stevenson E, Stephan BCM, Minihane AM, Siervo M, Mathers JC (2021). Mediterranean diet and the hallmarks of ageing. Eur J Clin Nutr., 75, 1176–1192.

Staudinger UM, Schindler I (2008) Produktives Leben im Alter. In: Oerter R, Montada L (Hrsg.) Entwicklungspsychologie. Weinheim: Beltz.

Stephan Y, Sutin AR, Luchetti M, Terracciano A (2016) Allostatic load and personality. Psychosom Med. 78, 302–310.

Stiftung Gesundheitswesen, Zugriff am 14.01.2022 unter https://www.stiftung-gesundheitswissen.de/gesundes-leben/patient-arzt/patient-und-partner

Stiftung Pro Menta Sana (2015) Das Erwachsenenschutzrecht. Informationen für Fachpersonen. Zugriff am 02.01.2022 unter https://promentesana.ch/assets/files/2_Selbstbestimmt-genesen/6_Recht-und-Versicherung/Pro_Mente_Sana_Erwachsenenschutzrecht_2015_Webversion.pdf, S. 26

Stoppe G (2015) Erhalt der sozialen Teilhabe. In: Lindner R, Hummels J (Hrsg.) Psychotherapie in der Geriatrie Stuttgart: Kohlhammer, S. 47–55.

Stoppe G (2018) Demenz: Wenn das Leben entgleitet. Muntelfing: Fischer & Gann.

Stoppe G, Stiens G (Hrsg.) (2009). Niedrigschwellige Betreuung von Demenzkranken. Stuttgart: Kohlhammer.

Sullivan J, Mirbahai L, Lord JM (2018) Major trauma and acceleration of the ageing process. Ageing Res Rev. 48, 32–39.

Public Health Schweiz 2019, Zugriff am15.01.2022 unter https://public-health.ch/documents/1124/Psychische_Gesundheit_in_APH_2kumD5v.pdf

WHO (2012) Dementia: a public health priority. Zugriff am 14.01.2022 unter hhttps://apps.who.int/iris/handle/10665/75263

WHO. Demenzfakten. Zugriff am 14.01.2022 unter https://www.who.int/news-room/fact-sheets/detail/dementia

WHO. What is Healthy Ageing? Zugriff am 02.07.18 unter http://www.who.int/ageing/healthy-ageing/en/

WHO. Ageism, Zugriff am 14.01.2022 unter https://www.who.int/health-topics/ageing#tab=tab_3

Wu YT, Beiser AS, Breteler MMB, Fratiglioni L, Helmer C, Hendrie HC, Honda H, Ikram MA, Langa KM, Lobo A, Matthews FE, Ohara T, Pérès K, Qiu C, Seshadri S, Sjölund BM, Skoog I, Brayne C (2017) The changing prevalence and incidence of dementia over time – current evidence. Nat Rev Neurol. 13, 327–339.

Stichwortverzeichnis

A

Abgrenzung von den Eltern 44
Abhängigkeit 48
Abhängigkeits-Autonomiekonflikt (OPD) 13
Abschleppen 86
Abwehrformen
– dissoziative 40
Adam und Eva 59
Affektregulation 48
Ageismus 100
Alter
– hohes 116
Alzheimerdemenz 111
Anerkennung
– wechselseitige 17
Anerkennungssphäre der Liebe 17
Angst 11, 21, 70
Anpassung 20
Arbeit 65
Arbeitswelt 66
Ärger 22
Attraktivität 91
Aufmerksamkeit 48
Außen- und Innenwelten 47
Autonomie 11, 25, 57
– Kämpfe um 83
Autonomiedefizite 23
Autonomisierung 36

B

Balance zwischen Autonomie und Bezogenheit 84
Begegnung 68
Bewältigungskompetenz 105
Bezogenheit 36
Bindung 93
– sichere 14
Blick des Anderen 42

C

Commitment 86
Containing 51
Coronapandemie 37

D

Demenz 110
Depression im Alter 106
Der Einzelne 62
Digitalisierung 41
Distanz
– soziale 27
Doppelmoral 85

E

Egoismus
– gesunder 67
Einsamkeit 67, 109
– moderne 57

Stichwortverzeichnis

Einschränkungen im Alter 108
Emerging Adults 86
Empathie 51
Entfremdung 20
Entwicklungspsychologie 13
Erinnerungen 29
Existenzphilosophie 58
EXIT 114
Explorationsverhalten
– unverbindliches 96

F

Fähigkeit zum Alleinsein 52
Fantasien 29
Fortschritt 65
Freiheit 15
– positive 62
Freiheit der Wahl 72
Freundschaft + 86
Freundschaftsbeziehungen 92

G

Gedächtnis 107
Gefühlskultur 76
Gesellschaft
– therapeutische 31
Gesundheitskompetenz 106
Getrenntheit 40
Glanz im Auge der Mutter 52
Graham, R. 47
Großeltern 101

H

Humor 113

I

Ich-Autonomie 70
Ich-Selbst 60
Identität
– individuelle 62

– kollektive 62
Identitäten 33
Identitätsdiffusion 90
Identitätsentwicklung 90
Infrastruktur 109
Intimität 84
Intimität in Partnerbeziehungen 89
Intimitätsentwicklung 93

K

Kompensation 105
Konflikte 94
Kontext
– gesellschaftlicher 84
Kreativität 15
Kulturelle Matrix des Vergleichs 49

L

LGBT-Personen 87
Liebe 69, 84

M

Mentalisierung 47
Monogamie
– serielle 87
Müdigkeit 75
Multimorbidität 107

N

Nähe und Distanz 54

O

One-Night-Stand 86
Online-Foren 85
Online-Kommunikation 46
On-Off-Beziehungen 87
Optimierung 41
Optimierungsdruck 50

Stichwortverzeichnis

P

Paarbindung 95
Pandemie 100
Partnerwechsel 92
Patientenverfügung 102
Pensionierung 116
Persönlichkeit 108
Perspektive
– historische 58
Polypathie 107
Privatheit 21
Probehandeln 47
Pseudo-Verbindungen
– digitale 41

R

Raum und Zeit 54
Reparaturprozesse 107

S

Scham 48, 59, 66
Scheitern 63
Schuld 73
– vormoralische 73
Selbstbestimmung 15, 18, 102
Selbsterkenntnis 26
Selbstermächtigung 74
Selbst-Objekt-Differenzierungen 36
Selektion 105
Semiautonomie 97
Separationsangst 83
Sex with the Ex 86
Singularität 77
Soziale Medien 36
Soziotropie 24
Sterbehilfe 114
Suizid
– assistierter 114

Symbolisierung 54

T

Testament 102
Tinder 88
Trennung 94

U

Überalterung 104
Unsicherheit 12
Unterstützung
– interpersonale 27
Urszenen 52

V

Vaskuläre Demenzen 111
Verbundenheit 40
Vertrauen 30
Verzicht 72
Vorsorgeverfügung 103

W

Weltanschauung
– liberale 58, 62
Wertschätzung
– soziale 18
Wettbewerb 65
Wir-Selbst 60, 71
Würde 113

Z

Zeitalter des Narzissmus 85
Zufall 64
Zwänge
– soziale 48

Personenverzeichnis

Alter, A. 42
Baecker, D. 41
Beck, U. und Beck-Gernsheim, E. 69
Benzel, S. 45
Binswanger, L. 80
Bollas, C. 45
Buber, M. 80, 82
Diamond, M. 40
Ehrenberg, A. 75, 77
Emcke, C. 25
Erikson, E. H. 90, 117
Fonagy, P. 52
Fuchs, T. 51
Fukuyama, F. 30
Gerisch, B. 37
Green, A. 51
Hegel, G. W. 70
Honneth, A. 17
Illouz, E. 85
Kast, V. 29
Kierkegaard, S. 58, 70, 72, 75

Kohut, H. 52
Kroger, J. 90
Kruse, A. 117
Löchel, E. 42
Mahler, M. 83
Napoleon Bonaparte 64
Nassehi, A. 41
Precht, R. D. 84
Reckwitz, A. 77
Rosa, H. 37
Rössler, B. 16
Sartre, J.-P. 58, 60
Schiller, F. 66, 69
Seiffge-Krenke, I. 89
Sloterdijk, P. 79, 81
Sloterdjik, P. 80
Turkle, S. 51
Valentin, K. 74
Winnicott, D. 52
Zuboff, S. 43